应用型物流管理"十一五"系列规划教材

物流客户服务操作实务

游艳雯　主　编
张京蒲　副主编

化学工业出版社
·北京·

内容简介

本书是应用型物流管理"十一五"系列规划教材之一,教材以"任务驱动、行动导向"课程模式为主旨编写。本书以综合型第三方物流公司客户服务部业务为主线,构建了物流客户服务核心的岗位流程,通过工作与学习结合的教学模式,以任务引领的活动来组织教学,在整个教学过程中体现"以能力为本位,以实践为主线"的职教课程新理念,倡导学生在"做中学",经历体验感悟,培养学生客服的工作素养,训练客服的综合职业能力。全书共分为六个技能训练模块:"物流客户服务工作体验"、"物流客户中心前台业务"、"物流客户接待和客户回访"、"物流客户投诉处理"、"物流客户关系维护"、"综合业务训练"。

本书主要适用于职业学校物流管理专业,同时也可作为物流行业客户服务技能培训的参考用书。

图书在版编目(CIP)数据

物流客户服务操作实务/游艳雯主编.—北京:化学

工业出版社,2010.7(2024.2重印)

应用型物流管理"十一五"系列规划教材

ISBN 978-7-122-09291-5

Ⅰ.物… Ⅱ.游… Ⅲ.物资企业-企业管理:销售

管理-高等学院-教材 Ⅳ.F253

中国版本图书馆CIP数据核字(2010)第151002号

责任编辑:宋湘玲 装帧设计:尹琳琳
责任校对:宋 玮

出版发行:化学工业出版社(北京市东城区青年湖南街13号 邮政编码100011)
印 装:涿州市般润文化传播有限公司
787mm×1092mm 1/16 印张7 字数108千字 2024年2月北京第1版第9次印刷

购书咨询:010-64518888 售后服务:010-64518899
网 址:http://www.cip.com.cn
凡购买本书,如有缺损质量问题,本社销售中心负责调换。

定 价:26.00元

版权所有 违者必究

应用型物流管理"十一五"系列规划教材

编审委员会

主　任　李举毅

副主任　李如姣

委　员　（按姓氏笔画排序）

石文明　　李如姣　　李举毅　　余　柳

林珍平　　冼碧霞　　黄红丽　　曾令玉

谢树珍　　游艳雯

编写说明

　　按照教育部关于《21世纪职业教育发展纲要指导》，中等职业教育课程理论课与实践课的比例为1∶1，许多中等职业学校也经常强调要加大实践教学。实际上，在以文科类为主的中等职业学校中，绝大多数的学校只能尽量实现教育部"理论课与实践课的比例为1∶1"的教学方式，因为文科类与理工科类不同，理工科类容易达到"理论课与实践课为1∶1"比例，而文科类则难以达到。造成这一现状的主要原因是文科类专业的教材理论较多、实训较少。我们知道从满足社会需求来看，职业教育侧重培养生产、服务和管理第一线的应用型职业人才，作为不同于普通教育的另外一种类型的教育，职业教育有着自己独特的规律和特点。因此，我们的教材就应该具有自己职业教育的特点，而不能完全照搬普通教育以学科体系为主的教材模式。

　　广州市商贸职业学校目前是广东省仅有的两所被省教育厅定为重点物流专业的学校之一。学校教师负责国家教育部组织的"现代物流专业紧缺人才培养培训教学指导方案"的主持和起草工作，完成了部分专业核心课程统编教材的编写工作，为国家中等职业学校现代物流专业的建设发挥了示范性作用。学校物流教师为了促进职业学校课程设置的改革，根据自身的办学特点以及物流企业对中职学生的职业技能要求，与时俱进，联合企业界的专家以及其他兄弟学校拟开发出一套适合中职学生使用的应用型物流管理"十一五"系列规划教材。本套教材共计11本，分别是《走进物流》、《仓储作业实务》、《运输作业实务》、《物流机械设施与设备》、《物流地理》、《物流客户服务操作实务》、《国际货代与通关》、《物流营销操作实务》、《物流法律法规》、《物流综合实训》、《物流礼仪操作实务》，分三批出版。

　　本套教材的基本编写思路如下。

　　1. 根据物流专业毕业学生的主要去向，确定将来物流专业学生就业的岗位群。

　　2. 先后邀请物流行业专家与物流教育界的专家，分析岗位群各工作岗位的工作任务。

　　① 曾先后邀请了14位来自不同物流企业，不同岗位的物流行业专家，进行了三次工作任务分析会。这些行业专家的工作主要覆盖了仓储、铁路运输、公路运输、报关、营销、客服和配送等岗位。职务都是企业的中层管理人员和主管。采取头脑风暴法让各位专家充分发表各自的意见，然后将这些意见用EXCEL电子表格完整记录下来。

　　② 行业专家岗位分析完成之后，又邀请了10位从事物流专业相关学科教学的教育专家，对行业专家分析出来的岗位任务，从课程的构建、教学的要求，进行分析整理，确定了公共专业模块课程和专业模块课程。

3. 从这些经过行业专家及教育专家分析整理过的工作任务中筛选出具有共性与代表性的若干项典型工作任务。

4. 根据典型工作任务，构建课程结构。将与某一岗位相关联的典型任务构建成一个专业方向课程，将与多个岗位相关联的典型工作任务构建成专业通用模块的课程。

5. 为已确定的课程编写课程标准，明确课程的目标、内容和要求。

6. 根据课程标准，组织老师编写教材内容。

本套教材的主要特点如下。

1. 教材体现了广州市商贸职业学校教师独创的教学方法——PIPA〔过程（Program）、仿真（Imitation）、实践（Practice）、任务（Assignment）〕教学法。

2. 教材的结构打破了学科体系的模式，坚持"任务驱动、行动引导"的指导思想，将教材构建成七个部分，它们分别是【行动目标】、【行动准备】、【行动过程】、【行动锦囊】、【行动链接】、【行动评价】和【行动加固】。教师在【行动过程】中下达任务书后，学生根据【行动锦囊】和【行动链接】以团队合作（情景模拟、集体讨论、小组竞赛、角色扮演、项目教学法、案例教学法、仿真教学法等）的方式完成任务。【行动锦囊】没有完整的理论体系描述，主要是完成任务的相关理论知识的精髓，用来启发学生思维和引导学生完成任务书的内容。

3. 教材转变了教师在教学活动中的角色，即由传统的主角、教学的组织领导者变为教学活动的引导者、学习辅导者和主持人。教师不再使学生处于被动地位，而使其处于积极的、独立的地位；教师不仅是给学生灌输知识，还使学生的手和心都动起来，让学生独立自主地设计完成自己的学习任务，充分体现了教师的主导地位、学生的主体地位，更注重于培养学生的联想与想象能力、分析推理能力、人际交往能力、口头表达能力、社会责任感以及创新能力。实现了"把课堂还给学生，让学生主宰课堂"，教师不该讲的不讲，学生学会了的不讲，自己会解决的不讲。

4. 教材编写以校企合作、工学结合培养专业技能人才为目标，注重能力本位的原则，力求突出"理论够用、重在实操"和"简单明了、方便实用"的特色，内容具有较强的应用性和针对性。编写的目的主要是为了培养具有良好职业道德、具有一定理论知识、具有较强操作和实践能力的、为企业所欢迎的技能应用型物流作业操作人才。

5. 教材图文并茂，以提高学生的学习兴趣，加深学生对运输作业知识的理解与掌握。教材配置专门的 PPT 和视频资料（如需要该资料请联系 sxl _ 2004 @ 126. com 或 48370924@qq.com），以满足教师教学与学生自学的需要。此套教材极大地方便了教师的备课和授课，也改变了教师课堂上仅凭一张嘴、一块黑板、几根粉笔的传统授课模式，在一定程度上减轻了教师的授课压力。

本套教材中，我们极大范围内考虑了实操的可能性，有许多实训项目都可以在教室直接进行，如果有些项目必须在实训室做而学校暂时又没有物流实训室，可用模拟的实训场地来代替。

本套教材是职业学校物流专业课程有效性教学改革的初步探讨，还有许多不成熟和有待完善的地方，敬请各位同仁提出宝贵的意见，以便修订时加以完善。

应用型物流管理"十一五"系列规划教材编审委员会

2009 年 12 月

前　言

本书是应用型物流管理"十一五"系列规划教材之一。教材以物流客户服务实际岗位需要为导向，在专业人才需求调研、专业建设及课程改革的基础上，对物流客服岗位的任务和职业能力进行分析剖解，以应用为目的，以必需、够用为度，确定课程的教学内容和实践项目，并在此基础上编写而成。

全书共分为六个技能训练模块："物流客户服务工作体验"、"物流客户中心前台业务"、"物流客户接待和客户回访"、"物流客户投诉处理"、"物流客户关系维护"、"综合业务训练"。本书既可作为职业学校物流管理专业教材，同时也可作为物流行业客户服务人员技能培训用书。

本书的主要特点如下。

1. 参加编写教材的全部教师不但是有丰富教学经验的一线教师，而且都有在物流行业客户服务部门实际工作或实践的经验，与工作岗位无缝接轨，教材中的任务也基本来源于实际工作。

2. 教材引入"模拟公司"概念，让学生以客服岗位人员身份完成各项任务。

3. 打破传统的学科教材模式，以综合型第三方物流公司客户服务部业务为主线，以物流客户服务核心的岗位工作任务为每个技能训练的内容，任务驱动、行动导向，操作性强。

4. 注重学做结合，边讲边学，"教"与"学"互动，做中学，学中做，强化学生实践能力和岗位职业能力的提高。

5. 教材以岗位的操作规程为基准，引入中职学生所必需的理论知识，加强实际操作能力的训练。

6. 在教学评价上引入企业绩效评价理念对学生进行评价。注重对学生动手能力和在实践中分析问题、解决问题能力的考核，综合评价学生的能力，并对在学习和应用上有创新的学生给予特别鼓励。

广州市财经职业学校游艳雯任本书主编，广州财经职业学校张京蒲任副主编，具体分工如下：张京蒲编写"物流客户服务工作体验"、"物流客户中心前台业务"、"综合业务训练"模块；游艳雯编写"物流客户接待和客户回访"模块；广州市商贸职业学校冼碧霞编写"物流客户投诉处理"模块；广东省经济贸易职业学校曾玉清编写"物流客户关系维护"模块；浙江省台州市黄岩区第一职业技术学校邵玲燕负责资料收集。全书由游艳雯负责总纂、修改并统稿，张京蒲和黄红丽负责校稿。

由于本书是编者对职业学校物流专业课程设置改革的初次尝试，书中难免有不成熟和有待完善的地方，敬请读者批评指正，以便修订时加以完善。

编　者

2010 年 5 月

目　录

第一模块　物流客户服务工作体验 ·· 1

技能训练任务一　不同类型物流企业的建立 ·································· 1

技能训练任务二　认识物流客户服务的重要性 ······························ 8

第二模块　物流客户中心前台业务 ·· 13

技能训练任务一　电话接听业务 ·· 13

技能训练任务二　传真收发业务 ·· 17

技能训练任务三　网上业务 ·· 24

技能训练任务四　订单业务 ·· 32

第三模块　物流客户接待和客户回访 ·· 38

技能训练任务一　物流客户接待 ·· 38

技能训练任务二　撰写物流客户回访方案 ···································· 43

技能训练任务三　模拟电话回访 ·· 48

技能训练任务四　撰写物流客户回访报告 ···································· 52

第四模块　物流客户投诉处理 ·· 56

技能训练任务一　受理客户投诉 ·· 56

技能训练任务二　客户投诉的调查处理 ······································ 68

技能训练任务三　客户投诉的总结与分析 ···································· 79

第五模块　物流客户关系维护 ·· 86

技能训练任务一　建立物流客户档案 ··· 86

技能训练任务二　制作物流客户意见表 ······································ 91

第六模块　综合业务训练 ·· 97

附录 ·· 103

参考文献 ·· 104

第一模块　物流客户服务工作体验

技能训练任务一　不同类型物流企业的建立

【行动目标】

物流客户服务是指物流企业为客户提供物流服务产品的过程中所发生的交互活动。不同的物流企业为客户提供不同的物流服务。在提供物流服务之前，我们须成立不同类型的物流公司，明确物流企业的类型及提供的服务内容和流程。

通过本行动的学习和训练，你将能够：

① 掌握不同类型物流企业的服务内容；

② 掌握物流企业的服务要素；

③ 了解物流客户服务要求和一般流程。

【行动准备】

① 多媒体教学系统（课件）。

② 具备上网功能的教室（根据具体条件，课后上网查找亦可）。

③ 分组，学生分组（根据教学对象实际情况确定每组人数，然后让学生分别扮演不同的角色，建议 6 人一组，并贯穿到其他相关模块中）。

④ 学生课前任务，阅读书本上的相关行动锦囊。

【行动过程】

第一步骤：教师下达任务（具体见任务书）。

第二步骤：各小组讨论完成任务书中的内容。

第三步骤：小组成果展示。

每一组派一名代表将小组讨论的结果向大家展示，展示内容如下。

① 成果展示（纸张或 PPT）；

② 对内容进行讲解和分析。

第四步骤：教师总结。

① 教师对学生的行动进行点评；

② 对知识内容进行总结；

③ 引出相关的行动锦囊。

任务书

小组通过互联网查阅三种类型物流公司并讨论共同组建一个综合型物流公司。

内容要求：

① 企业名称。

② 物流企业具体服务项目、服务流程。

③ 服务宗旨。

活动一：根据任务书要求上网查找。

活动二：讨论组建物流公司。

（小组共同操作和讨论完成以上的任务，并将讨论的结果写在书写卡片上或制作PPT，便于下一步的展示）。

【行动锦囊】

 不同类型物流企业的服务内容

1. 物流企业类型

物流企业（logistics enterprise） 至少从事运输（含运输代理、货物快递）或仓储一种经营业务，并能够按照客户物流需求对运输、储存、装卸、包装、流通加工、配送等基本功能进行组织和管理，具有与自身业务相适应的信息管理系统，实行独立核算、独立承担民事责任的经济组织。非法人物流经济组织可比照适用。

一般物流客户服务中所提到物流企业是以第三方物流企业为主。目前主要有三种类型的物流企业，包括综合型物流公司、运输型物流公司以及仓储型物流公司。

图 1-1 展示了不同类型物流企业的服务内容。

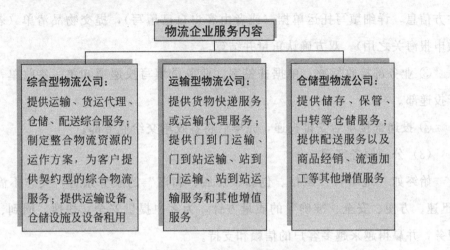

图 1-1　不同类型物流企业的服务内容

2. 综合型物流企业示例

说明：本书 1～5 模块任务书中涉及的公司可以此为参照。

（1）公司介绍及服务项目

迅达物流服务有限公司成立于 2002 年 5 月。公司现拥有员工 1 万多人，服务网点近 700 个，运输、派送车辆 1500 多辆，拥有 3 座码头中转仓库和 6 座物流配送中心仓库，总仓储面积达 4 万平方米，形成了"网络信息化，服务标准化，管理科学化，品牌诚信化"的企业格局，并发展成为集物流与快递一体，综合实力位居国内物流企业前列的大型集团公司。

迅达物流的服务项目有运输、货运代理、仓储、配送综合服务；国内快递、国际快递；制定整合物流资源的运作方案，为客户提供契约性的综合物流服务；运输设备、仓储设施及设备租用；提供"门到门"服务和限时（当天件，次晨达、次日达等）服务。同时，开展了代收货款、签单返回、到付和代取件等增值业务。

（2）服务流程（以快递业务为例）

快递公司的流程大致相同，迅达物流快递业务的流程如下。

① 客服接单（一般通过客户服务热线或其他网络工具实现）。确定客户的取货地址（如：××市××路××号，××小区，××楼，××室）、联系方式、货物信息（名称、重量、体积等）、目的地、付款方式（月结/现付/其他方式）等。

② 业务部按区域分流向后，安排投递部收件人员上门收取货物，客户提供收件方信息，详细填写托运单据（或者由客户自己填写），提交物品清单（若出口可做申报海关之用），双方确认重量并结算。

③ 业务部接收货物、单据并签字。业务员填写投递通知单、签收单，一并交于投递部。

④ 投递部接单后安排投递，完毕后将签收单交给业务部。

（3）公司服务宗旨

始终如一地奉行"诚信、创新、发展、和谐"的服务宗旨，矢志不渝地坚持"迅速、方便、安全、准确"的质量方针，为客户提供安全、快捷、周到、优质的服务，并赢得越来越多客户的信赖和支持。

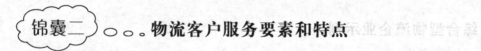

锦囊二 ○ ○ ○ 物流客户服务要素和特点

1. 物流客户服务要素

（1）客户服务

客户服务是企业与客户交互的一个完整过程，包括听取客户的问题和要求，对客户的需求作出反应并探询客户新的需求。客户服务不仅仅包括客户和企业的客户服务部门，也包括整个企业，即需要将企业整体作为一个受客户需求驱动的对象。

（2）物流客户服务

物流客户服务是指物流企业为客户提供物流服务产品的过程中所发生的交互活动。

物流服务从性质上来说属于服务的范畴之内，是服务的一部分，应具有服务业的共同特性。因此，了解服务业整体的性质和所处环境、发展趋势等，对物流服务的研究很有借鉴意义。

2. 物流客户服务要素

物流客户服务要素分为交易前要素、交易中要素和交易后要素。物流客户服务要素构成如图1-2所示。

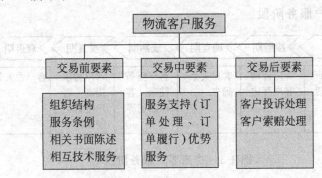

图1-2 物流客户服务要素构成

（1）交易前要素

组织机构的设立，制定服务条例，给客户提供客服政策说明书等相关书面陈述以及相关技术服务。

（2）交易中要素

交易中要素有基本客户服务支持（订单处理、订单履行），创造竞争优势的客户服务（完美订单，增值服务）。

（3）交易后要素

交易后要素包括客户投诉处理、客户索赔处理等。

3. 物流客户服务的特点

（1）特殊性

物流客户服务是为了满足客户需求所进行的一项特殊工作，与其他服务相比具有较长的服务周期。如仓储型公司有存储周期，运输型公司有运输时间和暂时保管时间等。

（2）可评价性

物流客户服务有一整套业绩评价体系，如产品可得性评价、存货的百分比、无货损百分比、订货周期和可靠性评价、从客户订货到送货的时间、仓库备货时间、仓库收到订单到发货的百分比。

（3）复杂性

物流客户服务工作具有复杂性。服务业面临不同的客户，有新客户、有老客户，且客户的需求也是千变万化的；物流客户服务阶段可分为开发期、接触期、确立期、成熟期、反复期、衰退期，在不同时期的物流客户服务的工作是不同的，图1-3 展示了物流客户服务阶段。

开发期	接触期	确立期	成熟期	反复期	衰退期
客户调查 企业宣传	客户咨询 客户拜访	客户关系 确立	客户业务 往来，客 户回访等	客户需求 提高，客 户投诉、 理赔等	客户丢失等

图 1-3　物流客户服务阶段

（4）竞争性

随着通信技术、信息处理技术和支付手段的日益发展和进步，全球经济一体化发展迅猛；随着世界向统一经济（"地球村"）方向的发展，竞争的国际化趋势在各行各业都不可避免。例如，美国联邦快递公司（Fedex），敦豪公司（DHL），联合包裹服务公司（UPS）等公司正在争夺全球包裹速递市场。

 。○。物流客户服务人员工作内容和要求

1. 物流客户服务内容

（1）物流客户服务部主要工作岗位

物流企业设有客服部，一般设有物流客服主管和物流客服专员等岗位。

（2）物流客户服务人员工作描述

广义上物流客户服务包括物流客户服务三要素，即交易前、交易中，交易后要素三部分内容。而狭义上，物流客户服务主要指客服人员的日常工作，工作内容主要包括客服中心前台业务处理、客户接待和回访、客户投诉处理、客户关系维护等业务。具体业务内容如表1-1所示。

表 1-1　物流客户服务工作描述表

物流客服工作内容	主要业务
客服中心前台业务处理	电话业务、传真、网上业务、订单业务
客户接待与回访	客户接待与回访
客户投诉处理	调查工作差错原因、办理差错赔偿业务、赔付后服务跟进、落实差错负责
客户关系维护	客户信息调查与客户信息归类整理

2. 物流客户服务工作要求

（1）企业要求

① 企业规模。能够提供承诺的物流服务业务，如可以为客户提供运输、货运代理、仓储、配送等多种物流服务，具备一定规模和网络网点。

② 机构和体系要求。配置专门的机构和人员，建立完备的客户服务体系包括硬件和软件，能及时、有效地提供客户服务。

③ 网络化信息服务。应用信息系统可对物流服务全过程进行状态查询和监控，能够对客户请求作出及时应答。

（2）客服人员素质

① 业务要求：熟练掌握物流管理的基本技能和企业的业务知识，了解物流公司所面对的客户的特点，精通客户服务技巧，了解为客户服务的工作流程。

② 热爱本职工作，热情大方，认真负责，耐心细心，忠于职守，遵守公司规章制度。

【行动链接】

注意

① 指出不同类型物流企业的服务内容。

② 通过 PPT 播放，了解物流客户服务内容。

【行动评价】

（　　）班技能训练任务评价表

公司名(组名)			公司(组别)成员名单			
考评内容						
考评标准	项　目	分值/分	小组自我评价 （30%）	其他组别评价 （平均）（40%）	教师评价 （30%）	合计 （100%）
	服务内容描述准确	25				
	服务流程合理	30				
	服务宗旨鲜明	15				
	语言表达	15				
	团队的合作精神	15				
	合　计	100				

【行动加固】

① 如果你想成为一名优秀的物流客服，应当具备哪些素质？

② 登陆美国联邦快递公司（Federal Express）网站 http://www.fedex.com.cn，了解联邦快递公司的网上客户服务内容有哪些？

技能训练任务二　认识物流客户服务的重要性

【行动目标】

中国物流目前处于高速成长阶段，对物流行业而言，核心产品就是服务，客户服务贯穿整个物流环节。服务水平，如物流客服人员的素质、服务的标准化、服务的履行等，是当前物流企业竞争的关键因素。在本任务中，我们来体验当前物流客户服务的重要性。

通过本行动的学习和训练，你将能够：

① 了解物流企业客户服务工作的概况；

② 认识物流企业客户服务的重要性。

【行动准备】

① 多媒体教学系统（课件）。

② 具备上网功能的教室（根据具体条件，课后上网查找亦可）。

③ 分组，学生分组（每组人数根据教学对象实际情况确定，然后扮演不同的

角色）。

④ 学生课前任务，阅读书本上的相关行动锦囊。

【行动过程】

第一步骤：教师下达任务（具体见任务书）。

第二步骤：各小组讨论完成任务书中的内容。

第三步骤：小组成果展示。

每一组派一名代表将小组讨论的结果向大家展示，展示内容如下。

① 成果展示（纸张或PPT）；

② 对内容进行讲解和分析。

第四步骤：教师总结。

① 教师对学生的行动进行点评；

② 对知识内容进行总结；

③ 引出相关的行动锦囊。

任务书

① 我公司仓储客户服务部（客服部）接到一老客户打来投诉电话，称：在近期我公司仓储运送来的货物存在货物毁损问题，该批货物价值总额为30万元人民币，商品完好率为70％，缺损商品价值为9万元，客户要求赔偿，否则就解除合同。尝试回答客服部如何处理。

② 某素有"低价杀手"之称的某快递公司，以远远低于成本的2元价格揽货抢占市场，在代客户回收的款项上打时间差，挪用客户的回收款，于2010年1月倒闭。请分析当前物流行业的核心竞争力？

（小组共同操作和讨论完成以上任务，并将操作的结果写在书写卡片上或制作PPT，便于下一步的展示）。

【行动锦囊】

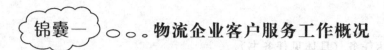

锦囊一 ○○○ 物流企业客户服务工作概况

1. 企业经营理念的变更

物流企业的发展层次不一，企业的性质、规模、理念的不同，也导致对物流客户服务工作的认识不同。传统的小规模企业通常重视企业的成本，忽略企业的长期战略发展。随着竞争的加剧，现在越来越多的物流公司开始重视客户服务，并将其引入到物流公司的经营活动中去。

物流客户服务是企业对客户的一种承诺，是企业战略的重要组成部分。企业的客户服务必须得到管理层的高度重视，把客户服务的思想渗透到整个企业作业环节中。

2. 硬件软件的投入

完善的物流客户服务体系，需要企业根据自身的规模和发展目标投入大量的硬件和软件。

① 计算机网络 包括内部网络和外部网络的应用。如一般物流企业的客户服务系统要建立客户资料库等。

② 具有较高科技含量的硬件设施 如规模较大的快递行业需要配置客服呼叫系统，以实现全天 24 小时的自助下单服务，全程自动化的电脑跟踪方便了客户的查询。

③ 企业的正规化管理 如规范的快件操作流程、有效的员工激励、健全的福利保障制度等。

3. 员工的培训和发展

当前客户服务人员一定程度上缺乏积极服务意识和敬业精神。发展中的物流企业应当重视物流客服人员的发展，灌输服务理念，体验第一线员工的辛劳，同时向所有员工显示客户服务的重要性。为了保证一线员工正确地使用权力，物流公司要加强员工培训，管理层要由机械管理者转变为客户拥护者和教练，配合员工愉快地工作。同时，在缩短管理半径的同时，强调管理人员与员工的双向沟通。

 锦囊二 ○ ○ 。 **认识物流企业客户服务的重要性**

1. 物流体系设计和运作的基础和必要组成部分

随着物流概念的成熟，企业越来越认识到客户服务已经成为物流系统，甚至是整个企业成功运作的关键，是提高服务竞争优势的主要因素。

2. 影响到企业的市场份额

一流的客户服务已成为高水平物流服务企业的标志。客户服务要做得好，物流企业在市场竞争中需要确定自己的核心业务和核心优势，差异化的客户服务能给企业带来独特的竞争优势。加强物流管理、改进客户服务是创造持久竞争的有效手段。

3. 开发新客户，留住老客户

客户服务不仅决定了原有的客户是否会继续维持下去，而且也决定了有多少潜在客户会成为现实客户。因此物流的客户服务都要注重赢得新客户，留住老客户，这是客户服务最基本的要求。

【行动链接】

> **注意**
>
> 在下达任务时要引导同学以认真的态度融入所扮演的角色。

【行动评价】

( ) 班技能训练任务评价表

公司名(组名)			公司(组别)成员名单			
考评内容						
考评标准	项 目	分值/分	小组自我评价（30%）	其他组别评价（平均）(40%)	教师评价（30%）	合计（100%）
	观点正确	25				
	语言表达	30				
	内容	15				
	团队的合作精神	15				
	沟通能力	15				
合 计		100				

【行动加固】

以下是物流公司给客服人员灌输的理念，请你判断正误？并说明理由。

① 客服人员选择屏蔽客户的电话；

② 客户至上、服务质优、信誉第一；

③ 以客户为中心；

④ 不管哪个部门出了差错都不要紧，可以随便推脱给其他部门；

⑤ 以客为本、服务领先；

⑥ 不管给客户还是谁造成损失都不要紧，只要公司没损失就可以了。

第二模块　物流客户中心前台业务

技能训练任务一　电话接听业务

【行动目标】

电话是客服中心与客户沟通的重要通信工具。电话礼仪不仅代表个人形象，更代表公司形象。作为客服人员，我们首先应掌握电话礼仪和技巧。

通过本行动的学习和训练，你将能够：

① 学会打电话的礼仪和技巧；

② 掌握电话业务受理流程；

③ 培养职业化的工作形象、职业化的工作态度。

【行动准备】

① 多媒体教学系统（课件）。

② 简易物流客服中心：配备办公桌、电话和传真等普通的办公用具。

③ 分组，学生分组（每组人数根据教学对象实际情况确定，然后扮演不同的角色）。

④ 学生课前任务，阅读书本上的相关的锦囊。

【行动过程】

第一步骤：教师下达任务（具体见任务书）。

第二步骤：各小组根据任务书给定的电话业务进行训练。

第三步骤：小组成果展示。

每一组派代表展示电话业务技巧。

第四步骤：教师总结。

① 教师对学生的行动进行点评；

② 对知识内容进行总结；

③ 引出相关的行动锦囊。

任务书

　　各小组成员作为物流企业的客服人员（在第一模块的任务中每个小组已组建了物流公司，并确定了企业的服务内容）。现在各组将接到客户的咨询电话，请客服人员以正确的礼仪快速完成客户的询问，使客户对公司留下良好的印象。

　　要求：① 以正确的礼仪接听；

　　② 介绍企业服项目。

　　（小组情景训练并完成以上的任务，并派客服代表展示）。

客户　　　　　　　　　　　　　　　　　客服

【行动锦囊】

 ○○○ 电话业务受理流程

1. 接听电话

① 电话铃响 3 声内拿起电话，离电话最近的客服应主动接听。

② 用普通话，语速均匀清晰，语气要温和，并使用问候语，内线："您好，××部"，外线："您好，××物流公司"。

③ 在桌上常备纸笔做好接听、重复和记录。如涉及重点信息、订单信息、客户联系方式、客户特别要求等，不仅要记录下来，还应该向对方复述一遍，以确定无误。

④ 接听电话，态度友善，简洁明了，因公电话尽量不要超过 15 分钟。

⑤ 因故障电话突然终止时，务必回拨，避免任何影响公司业务和形象的情况

出现。

⑥ 电话挂断，一般由打入方先挂，确定对方已挂断电话后方能放下话筒。

2. 拨打电话

① 明确打电话的目的。

② 准备好所需要的资料。根据客户常常遇到的问题制作一个工作帮助表；如客户需要资料或回复，要把资料准备在旁边。

③ 选择适当的时间。公务电话最好避开临近下班的时间，尽量打到对方单位，若确有必要往对方家里打时，应注意避开吃饭或睡觉时间。

④ 电话打通自报家门。电话打通首先通报自己的姓名、身份。必要时，应询问对方是否方便，在对方方便的情况下再开始交谈。

⑤ 电话用语应文明、礼貌，电话内容要简明、扼要。

⑥ 通话完毕时应道"再见"，然后轻轻放下电话。

3. 转、传电话

① 表明转接人员身份或部门。在转电话之前，要对客户做一些解释，如"好的，我将替您转接至××部门"。

② 清楚询问来电者的身份并告知接电话的人。

③ 养成使用保留键（hold）的习惯。

④ 转接电话后需注意对方是否已接听电话。让来电者空等很久既失礼，且易引起抱怨及纠纷。

⑤ 需过滤电话时，务必注意用词礼貌。

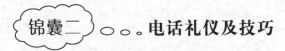 锦囊二 电话礼仪及技巧

1. 电话礼貌用语（表2-1）

表 2-1　电话礼貌用语

情　景	不当用语	礼貌用语
向人问好	喂!	您好!
自报家门	我是××公司的。	这里是××公司。
问对方身份	你是谁?	请问您是?
问姓名	你叫什么名字?	能否告诉我您的姓名?
问姓氏	你姓什么?	请问您贵姓?
问电话号码	你电话是多少?	能留下您的联系方式吗?
需要等待	你等着!	请您稍等一会儿。
结束谈话	你说完了吗?	您还有其他吩咐吗?
做不到	那样可不行。	很抱歉,这个我们可能办不到。
没听清楚	再说一遍!	对不起,请您再说一遍,好吗?

2. 电话礼仪及技巧

(1) 懂得营造气氛

① 诚恳的态度;

② 情绪的掌握;

③ 声调的控制;

④ 中听的话语。

(2) 使用辅助工具

① 简讯、留言条;

② 重要顾客资料;

③ 企业相关信息资料;

④ 名片管理。

(3) 三声之内接起电话

(4) 使用标准用语

3. 电话交流的原则

(1) 把握正确的意思

(2) 控制时间

(3) 内容简洁

【行动链接】

注意

① 通过录像学习电话礼仪。

② 通过 PPT 播放，学习电话礼貌用语。

【行动评价】

（   ）班技能训练任务评价表

公司名(组名)		公司(组别)成员名单				
考评内容						
考评标准	项　目	分值/分	小组自我评价（30%）	其他组别评价（平均）(40%)	教师评价（30%）	合计（100%）
	仪表着装	10				
	面部表情	10				
	语音效果	15				
	表达沟通	15				
	电话技巧	20				
	专业知识	15				
	团队的合作精神	15				
合　　计		100				

【行动加固】

如何接听客户的订单电话？（要求：以正确的礼仪接听顾客电话，并迅速地记录订单信息）请根据小组所属公司的类型和服务内容进行展示。

技能训练任务二　传真收发业务

【行动目标】

传真是最为广泛的通信工具之一，用于传送手写、打印或印刷的书信、文件、表格、图形等，使用很普遍，发展也较快。在物流业务中，传真是委托确认业务以及文件传递的重要工具和手段。

通过本行动的学习和训练，你将能够：

① 规范操作传真业务受理流程；

② 认识传真的收发注意事项。

【行动准备】

① 多媒体教学系统（课件）。

② 简易物流客服中心：配备办公桌、电话和传真等普通的办公用具。

③ 分组，学生分组（每组人数根据教学对象实际情况确定，然后扮演不同的角色）。

④ 学生课前任务，阅读书本上的相关行动锦囊。

【行动过程】

第一步骤：教师下达任务（具体见任务书）。

第二步骤：各小组按任务书给定的传真业务训练。

第三步骤：小组成果展示。

每一组派代表进行传真业务技巧展示。

第四步骤：教师总结。

① 教师对学生的行动进行点评；

② 对知识内容进行总结；

③ 引出相关的行动锦囊。

任务书

① 我公司委托卓卓物流代理以下业务。

去南沙港提柜，从装货工厂（达达钟表厂）装柜去南沙港并代理报关和报检。具体内容如下。

装货工厂：达达厂，××工业大道××号

货物名称：钟表　　　　　　　　　　柜型：1×40

装货时间：2010-6-8　　　　　　　　PM 2:00

联系人：陈生　　　　　　　　　　　联系电话：××××××××

卓卓物流传真：×××××××

② 接收卓卓物流费用确认传真。

（小组共同设计传真内容格式并讨论完成以上任务，最后派代表展示）。

【行动锦囊】

锦囊一 传真业务受理流程

1. 传真格式

（1）传真格式分类

按照收发传真对象不同一般分为个人传真和商务传真；按照所采用的语言文字不同分为中文和外文传真；按照表述方式不同分为图表式和文本式传真，表格式传真如表 2-2 所示。当然传真没有固定的格式，不同的公司风格也不同。在 Word 文档中有模板可以采用，具体操作：打开 Word 文档-文件-新建-本机上的模板，Word 文档中的模板如图 2-1 所示。

表 2-2　表格式传真

收件人（TO）： 传真号码：	传真抬头（发件人信息）
发件人（FM）：	
抄送（CC）：	[公司名称] [联系信息]
日期：	
主题：	
备注：	

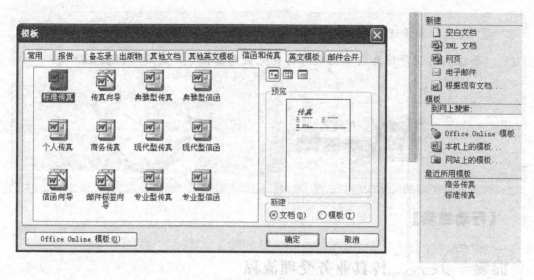

图 2-1　Word 文档中的模板

（2）传真内容要求

公司的具体业务不同，传真内容要求也不同，但一般都显示：抬头、收件人、发件人、主题、传真号码、日期、页数等方面的内容。抬头一般是发件人公司的信息。发传真时经常用英文简写，如收件人用"TO"表示，发件人用"FM"表示，抄送用"CC"表示。示例如下：广州小象玩具有限公司王先生发给卓卓物流公司徐小姐拖柜通知，共 1 页，如图 2-2 所示。

图 2-2　传真格式示例

2. 传真发送

（1）发送文件前不通话，操作步骤如下。

① 检查机器是否处于"准备好"（READY）状态；

② 放置好发送原稿；

③ 摘取话机手柄，拨对方号码，并监听对方的应答信号（长鸣音）；

④ 按启动键（START），这时发送指示灯亮或液晶显示"TRANSMIT"，表明机器开始发送文件；

⑤ 挂上话机，等待发送结束并收取对方记录报告，根据报告上的差错情况，再进行重发，直至全部无误为止。

（2）发送文件前需要通话，操作步骤如下。

① 检查机器是否处于"准备好"（READY）状态；

② 放置好发送原稿；

③ 摘取话机手柄，拨通对方电话号码，并等待对

方回答；

④ 双方进行通话；

⑤ 通话结束后，由收方先按启动键；

⑥ 当听到收方的应答信号时，发方按启动键，开始发送文件；

⑦ 挂上话机，等待发送结束，若发送出现差错，则应重发，直至收方正确接收为止。

3. 接收方式

（1）自动接收

凡具有自动接收功能的传真机才能按下述方式操作。过程如下。

① 电话振铃一次，机器自动启动，液晶显示"RECEIVE"接收状态或接收指示灯亮，表示接收开始；

② 接收结束时，机器自动输出传真副本，液晶显示"RECEIVE"消失或接收指示灯熄灭；

③ 机器自动回到"准备好"（READY）状态。

（2）人工接收

操作步骤如下。

① 使机器处于"准备好"（READY）状态；

② 当电话振铃后，拿起话机手柄与对方通话；

③ 通话结束后，按发方要求，按"启动键"（START），开始接收；

④ 挂上话机；

⑤ 若接收出差错或质量不好时，可与发方联络，要求重发，直至得到满意的传真副本。

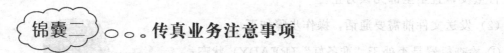

锦囊二 ○○○ 传真业务注意事项

1. 对原稿的要求

凡出现下列情况之一的原稿都不能使用。

① 大于技术规格规定的最大幅面的原稿；

② 小于最小幅面（两侧导纸板之间的最小距离），或小于文件检测传感器所能检测到的最小距离的原稿；

③ 有严重皱折、卷曲、破损或残缺的原稿；

④ 过厚（大于 0.15mm）或过薄（小于 0.06mm）的原稿；

⑤ 纸上有大头针、回形针或其他硬物的原稿。

总之，若将不符合要求的原稿进行传输的话，则会在传真过程中出现卡纸、轧纸、撕纸等故障现象，所以要特别注意。

2. 放置文件

① 一次放置的文件页数不能超过规定页数；

② 文件面的朝向（朝上或朝下）须符合说

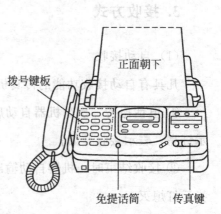

正面朝下

拨号键盘

免提话筒　　　传真键

明书的要求；

③ 发送多页文件时，两侧要排列整齐，靠近导纸板，前端要摞成楔形。

3. 发送操作时的几点注意事项

① 若按下"停止"（STOP）键时，发送马上停止，这时卡在传真机中的原稿，不能用手强行抽出，只能掀开盖板取出；

② 在发送报文期间，不允许强抽原稿，否则会损坏机器和原稿；

③ 当出现原稿阻塞时，要先按"停止"（STOP）键，然后掀开盖板，小心取出原稿。若原稿出现破损，一定要将残片取出，否则将影响机器的正常工作。

【行动链接】

注意

① 演示传真操作过程。

② 通过图片展示传真错误操作。

【行动评价】

( ) 班技能训练任务评价表

公司名(组名)		公司(组别)成员名单				
考评内容						
考评标准	项　目	分值/分	小组自我评价(30%)	其他组别评价(平均)(40%)	教师评价(30%)	合计(100%)
	语音效果	10				
	传真原稿设计	20				
	传真收发规范	20				
	收发注意事项	20				
	专业知识	15				
	团队的合作精神	15				
	合　计	100				

【行动加固】

请简单描述传真发送流程。

技能训练任务三　网上业务

【行动目标】

为充分运用网络资源，提供更人性化的服务，落实"以客户为中心"的经营理念，物流公司通常开展网上业务。

通过本行动的学习和训练，你将能够：

① 掌握邮件处理及回复；

② 客户信息反馈处理；

③ 信息发布；

④ 网上订单查询及处理；

⑤ 了解网络工具的使用及注意事项。

【行动准备】

① 分组，学生分组（每组人数根据教学对象实际情况确定，然后扮演不同的角色）。

② 教学环境和用具，物流实训室：配备计算机多台及具备上网功能等。

③ 学生课前任务，阅读书本相关的锦囊并上网查找自己需要的资料。

【行动过程】

第一步骤：教师下达任务（具体见任务书）。

第二步骤：各小组讨论完成任务书中的内容。

第三步骤：小组成果展示。

每一组派一名代表将小组讨论的结果向大家展示，展示内容如下。

① 成果展示（纸张或PPT）；

② 对任务进行讲解和分析。

第四步骤：教师总结。

① 教师对学生的行动进行点评;

② 对知识内容进行总结;

③ 引出相关的行动锦囊。

任务书

① 客户张××发邮件询问你物流公司的服务内容,请给予回复。教师给出设定的客户的电子邮件地址。请在规定的时间内以正确的格式回复客户。

② 在规定的时间内,利用 QQ 博客进行公司业务最新信息的发布。

(小组共同操作和讨论完成以上的任务,在已发送邮件中展示自己的邮件回复内容并打开 QQ 博客展示公司业务信息的发布)。

【行动锦囊】

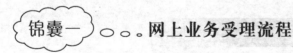

锦囊一 ○。。网上业务受理流程

1. 物流公司的网上业务内容

为充分运用网络资源,提供更人性化的服务,落实"以客户为中心"的经营理念,目前多数物流公司都开展了网上业务,图 2-3 展示了某物流公司的网上业务界面。

一般业务内容包括:

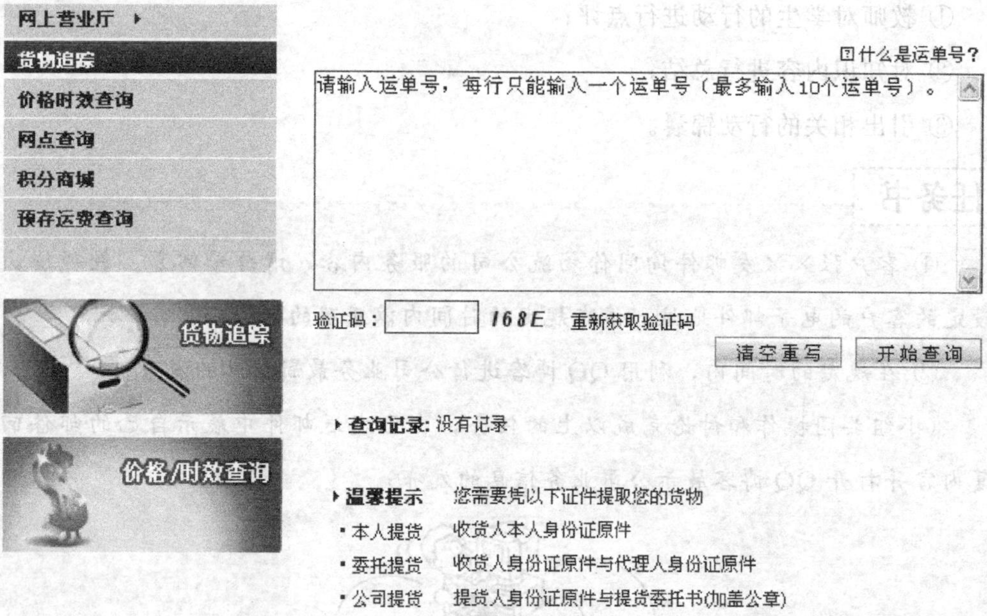

网上营业厅 ▶

货物追踪

价格时效查询

网点查询

积分商城

预存运费查询

货物追踪

价格/时效查询

回 什么是运单号？

请输入运单号，每行只能输入一个运单号（最多输入10个运单号）。

验证码： ▢ **168E** 重新获取验证码

清空重写 开始查询

▶ **查询记录:** 没有记录

▶ **温馨提示** 您需要凭以下证件提取您的货物
· **本人提货** 收货人本人身份证原件
· **委托提货** 收货人身份证原件与代理人身份证原件
· **公司提货** 提货人身份证原件与提货委托书(加盖公章)

图 2-3 某物流公司的网上业务界面

① 网上订单查询；

② 网上在线留言处理；

③ 信息发布，如图 2-4 所示；

④ 客户信息反馈处理，如图 2-5 所示；

⑤ 邮件处理及回复；

⑥ 网上订单处理。

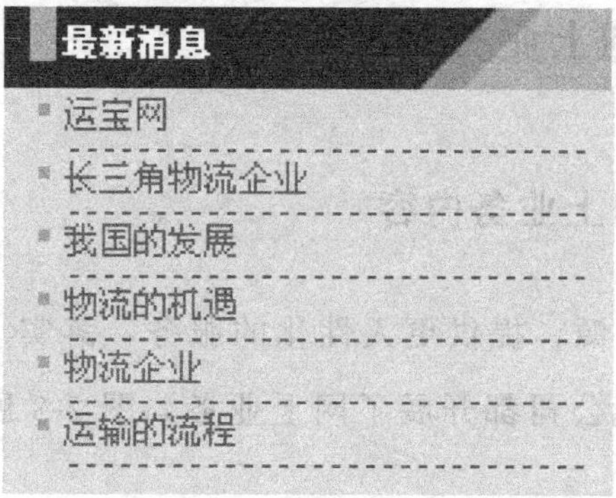

最新消息

▪ 运宝网

▪ 长三角物流企业

▪ 我国的发展

▪ 物流的机遇

▪ 物流企业

▪ 运输的流程

图 2-4 信息发布

尊敬的客户：

如果您对我们的产品或服务有任何意见和建议请及时告诉我们，我们将尽快给您满意的答复。

主题：[_____] *

内容：[   ] *

图 2-5　客户信息反馈

2. 一般网上业务受理流程

① 客户在物流公司所属页面上找到相应业务受理栏，点击要申请的业务。

② 客户填写相应的信息，并确保填写资料要真实无误、详细，并提交。

③ 物流公司客服人员在接受到客户的请求后，进行审核后转入内部处理流程。

④ 客服人员对客户请求进行回复及处理。

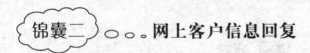

锦囊二　网上客户信息回复

1. 网上客户信息回复

为了方便客户，大多数物流公司的网上业务都开通了客户信息反馈一栏业务，如图 2-3 所示为客户信息反馈。客服人员每天要负责及时回复用户发过来的信息。这一业务即为网上客户信息回复业务。

2. 网上客户信息回复注意事项

① 判断客户的问题类别，根据公司所要求的样板信息回复。

② 信息回复要及时。

③ 重要客户及突发问题要及时上报上级领导。

④ 汇总客户信息。

 锦囊三 ○○。邮件处理及回复

1. 客户邮件处理

通过网络的电子邮件系统，用户可以用非常低廉的价格，以非常快速的方式（几秒钟之内可以发送到世界上任何指定的目的地），与世界上任何一个角落的网络用户联系，这些电子邮件可以是文字、图像、声音等各种方式。同时，用户可以得到大量免费的新闻、专题邮件，并实现轻松的信息搜索。电子邮件是与客户交流的重要的工具，如图 2-6 所示为电子邮件业务。

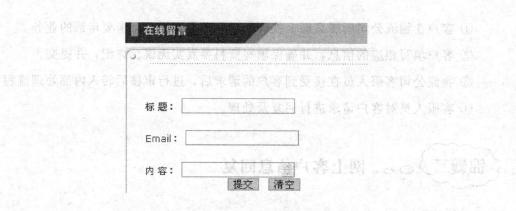

图 2-6 电子邮件业务

2. 正确回复客户邮件注意事项

（1）邮件地址（收件人）——确认准确

（2）邮件主题——明确、简洁

（3）邮件内容注意事项，如图 2-7 所示邮件界面

① 称呼要用尊称；

② 开头简单的自我介绍；

③ 主体内容文字应力求简明扼要，并达到沟通效果。字体一般用宋体；大小一般为 10 磅；一行最多文字数不超过 30 字；

④ 落款要清晰明了，注明发信者身份。

（4）附件的使用

给客户的邮件如需要用附件时，要确保附件已经添加和上传。

（5）邮件发送，如图 2-7 所示邮件界面

重要邮件要保存，并且给客户发出后要电话确认。

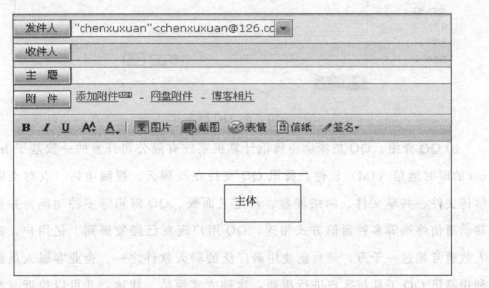

图 2-7　邮件界面

 锦囊四 ○○。**网络工具的使用及注意事项**

1. 常用网络工具

（1）在线客服系统

人性化的客服操作平台设计，界面美观、简洁大方。支持同时与多个客户对话，提高对话效率及服务。

（2）电子邮件系统

（3）腾讯 QQ、MSN 及飞信系统等。如图 2-8 所示为 QQ 博客的范例

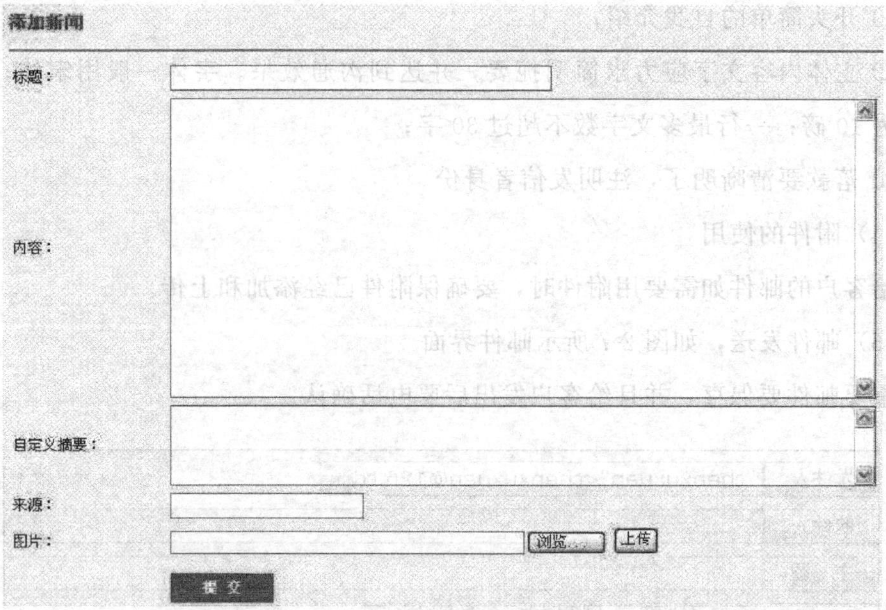

图 2-8　QQ 博客

①QQ 介绍。QQ 是深圳市腾讯计算机系统有限公司开发的一款基于 Internet 的即时通信（IM）软件。腾讯 QQ 支持在线聊天、视频电话、点对点断点续传文件、共享文件、网络硬盘、自定义面板、QQ 邮箱等多种功能，并可与移动通信终端等多种通信方式相连。QQ 用户现在已经发展到上亿用户，在线人数通常超过一千万，是目前使用最广泛的聊天软件之一。企业客服人员经常利用腾讯 QQ 工具与客户进行沟通，这种方式简洁、快速，并可以拉近与客户的距离。

②MSN 介绍。MSN（Messenger）有近 30 种语言的不同版本，在同一个对话窗口中可同时与多个联系人进行聊天。使用此免费程序可拨打电话（用交谈取代输入）、向呼机发送消息、监视新的电子邮件、共享图片或其他任何文件。外贸公司的客服常将 MSN 作为与国外客户沟通的重要工具。

③飞信系统介绍。飞信系统是移动与互联网的无缝连接，免费短信。IVR（融合语音）、短信、GPRS（通用分组无线服务技术）等多种通信方式，覆盖完全实时的语音服务、准实时的文字和小数据量通信服务及非实时的通信服务，实现短信、在线消息、语音聊天、彩铃、网上营业厅、文件共享等多种通信业务和服务。

2. 使用注意事项

（1）网上网下行为一致

在现实生活中大多数人都是遵法守纪，在网上也应同样如此。网上的道德和法律与现实生活是相同的，不可降低道德和法律标准。

（2）网络礼仪

通过网络别人无法从外观来判断，言语是网络交流的判断标准。打字速度要快且简短。仔细检查语法和用词，尽量避免出现错别字。

（3）注意网络安全

要注意保护与客户传递的文件，不要因偶然的或者恶意的原因而遭受到破坏、更改、泄露。

【行动链接】

> **注意**
> ① 通过 QQ 博客、邮件系统训练。
> ② 通过 PPT 播放，学习网上业务。

【行动评价】

（　　）班技能训练任务评价表

公司名(组名)			公司(组别)成员名单			
考评内容						
考评标准	项　目	分值/分	小组自我评价(30%)	其他组别评价(平均)(40%)	教师评价(30%)	合计(100%)
	邮件地址准确主题明确简洁	20				
	主体格式正确,内容适当	20				
	邮件在规定时间内完成	15				
	信息发布及时	15				
	内容适当	15				
	团队合作沟通能力	15				
合　计		100				

【行动加固】

请用学校现有的物流软件系统（如无该系统学生可利用 Excel 表简单模拟），根据网上客户的要求，迅速查询订单信息。

要求：在规定的时间内准确进行订单查询。

技能训练任务四 订单业务

【行动目标】

订单是整个物流作业的开端和信息流的开始。在物流整体作业里，订单管理通常都扮演着重要的角色，整个物流过程都是为了完成订单而发生的。处理订单的很多环节都直接与客户打交道。因此，订单完成的水平高低直接决定了物流公司的服务水平；订单处理作业效率很大程度上体现着物流作业的运作效率。

通过本行动的学习和训练，你将能够：

① 熟悉和掌握订单处理流程；

② 掌握订单录入基本操作。

【行动准备】

① 分组，学生分组（每组人数根据教学对象实际情况确定，然后扮演不同的角色）。

② 教学环境和用具，物流实训室：配备多台计算机及具有上网功能等。

③ 学生课前任务，阅读书本上相关的锦囊并上网查找自己需要的资料。

【行动过程】

第一步骤：教师下达任务（具体见任务书）。

第二步骤：小组讨论和训练。

第三步骤：小组成果展示。

每一组派一名代表进行订单信息录入比赛。

第四步骤：教师总结。

① 教师对学生的行动进行点评;

② 对知识内容进行总结;

③ 引出相关的行动锦囊。

任务书

利用第三方物流系统在规定的时间内完成客户的接单、录单工作(如无第三方物流软件可借助 Excel 表完成)。具体内容由教师指定。举例如下:客户订单信息。

① 订单信息。好又多　紧急订单　家用电器(来源:电话)。

② 订单入库信息。货品入××库,入库方式为送货,入库类型为正常入库。

③ 订单货品。电风扇 16 把,电冰箱 8 台。

(小组共同操作和讨论完成以上的任务)。

【行动锦囊】

 锦囊一 ○○○ 订单业务处理流程

1. 订单的重要性及订单分类

(1) 物流订单的重要性

① 订单是整个物流作业的命令单。物流企业通常在接到订单之后,才会采取相应的处理措施,开展一系列的物流活动来完成订单规定的内容。订单在整个物流作业中扮演着非常重要的指挥的角色。如物流中心,由客户端接受订货资料,将其处理、输出,然后仓库人员根据处理过的订单资料开始拣货、理货、分类、配送等一连串物流作业,最后按照订单进行装车运送。又如快递公司接到客户订单,进行确认,开始收货、送货等作业。

② 订单是整个信息流的开端。信息往往是伴随着作业活动产生的,信息处理

是为整个物流活动服务的。订单处理既是物流作业的开端，也是整个信息流作业的起点。

（2）订单的分类

由于订单的内容往往涉及企业产品的特性和业务的特色，不同的企业对订单内容的制订都有所不同。

① 按所属企业服务内容不同可分为仓储型订单、运输型订单以及综合订单。

② 按照紧急程度可分为一般订单和紧急订单。

③ 按照订单来源不同可分为电话订单、传真订单和网络订单。

2. 订单处理流程

对于不同种类的订单，它的具体处理流程和方法不同，但一般订单处理流程如图 2-9 所示。其中双箭头代表信息的双向沟通。

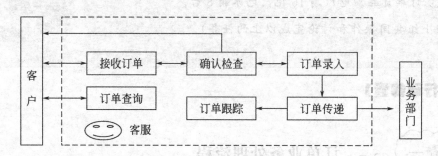

图 2-9　订单处理流程

① 作为客服人员应熟练掌握相应物流操作程序，接收客户订单，并确认检查、录入客户单证并传递给业务部门；

② 负责范围内的每单业务在运作各环节的服务质量的控制、跟踪，了解客户（及收货人）的反馈情况。

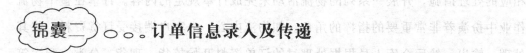

锦囊二　○○。订单信息录入及传递

1. 订单录入

接到客户的订货订单并确认后应该紧接着将此资料录入订单管理系统。订单的录入有二种方法。

（1）人工输入

长久以来，利用人工将接到的订单、客户电话、传真、邮寄等订单资料输入计算机，如图 2-10 所示的人工输入方式是多数企业所使用的方法。但这种方式所需的人工成本较高，而且也不能保证效率和准确性。随着业务规模的增大和订单的大量增加，以及所定物品的种类越来越繁杂，订货前置时间的缩短，使人工输入方式暴露出越来越多的弊端。尤其像大型物流中心，平均每天有上百张的订单和上千笔的订货物品，其资料均需一一输入计算机，若碰上高峰订货时间，面对倍增的订单，现有的人力就显得分身乏术，而作业正确性也会大幅度下降。

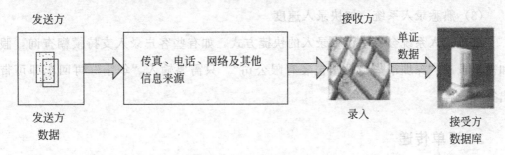

图 2-10　人工输入方式

（2）联机输入

结合计算机与通信技术，将客户的电子订单资料通过电信网络直接转入计算机系统，可以省却人工输入这一环节。电子订货方式即为联机输入，但是如果传送的资料格式不是双方约定的标准，仍然需要经过转换，文件才能进入订单管理系统。联机输入有发送方和接收方双方计算机直接联机的拨接式传输方式，称为 EDI（Electronic Data Interchange）。图 2-11 展示了 EDI 联机输入系统，这种方式需要双方约定订单资料传送时间。

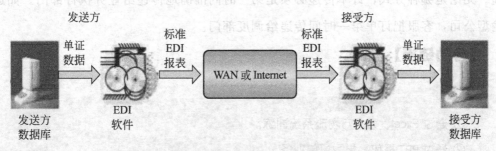

图 2-11　EDI 联机输入系统

虽然通过电子方式订货的联机输入方式，可解决人工输入的准确性、速度等问题，但需要较高的信息化水平，限于实际条件，国内目前多数企业仍使用人工方式输入订单资料。

2. 订单录入技巧

（1）注意与顾客的沟通

在订单录入时，关键项一定要注意确认，如仓储订单要确认商品项目、数量、出入库时间等。运输订单要确认地点、时间、商品、数量以及涉及的柜型等。

（2）录入订单要规范化

（3）熟悉录入系统，加快录入速度

订单录入系统会有些订单录入的快捷方式，如有些客户录入支持模糊查询，假如需要录入"深圳市华趋吸塑包装有限公司"，只需要输入"华宇"再回车即可带出完整内容。

3. 订单传递

（1）订单整理

客服在接到订单后，应当根据业务流程简单地整理处理。如在运输型公司，当接到客户委托订单时，很多时候对方发来的是提货单、提单等。这时需要完成的业务是根据这些单显示的时间、地点、提货要求等去提货。所以这时订单整理工作就显得非常重要。

（2）订单传递方式

目前订单传递方式由邮件系统、纸质文件传递以及办公软件系统自动单证传递。无论是哪种方式，订单传递必须是第一时间准确地传递给业务执行部门。如运输型公司，客服把订单第一时间传递给调度部门。

【行动链接】

注意

① 通过 Excel、第三方物流系统训练。

② 通过 PPT 播放，学习订单业务。

【行动评价】

(　　) 班技能训练任务评价表

录入完成时间		公司 (组别) 成员名单				
考评内容						
考评标准	项　目	具体信息	分值/分	其他组别评价 (40%)	教师评价 (60%)	合计 (100%)
	订单信息	客户名称错误	−2			
		订单下达时间错误	−5			
		其他项错误1处	−1			
	业务信息	具体业务信息每项错误	−5			
	涉及商品信息	货品一处名称不符	−2			
		规格一处名称不符	−5			
		单位一处名称不符	−2			
		数量一处名称不符	−5			
		其他项错误1处	−1			

注：1. 订单类型错误者 (如入库单录成出库单)，不予计分。

2. 比赛时间为5分钟，超过5分钟不予计分。

3. 两者分数相同时，订单录入完成用时少者名次优先 (根据系统显示的订单生成时间)。

4. 评分标准表 (以100分为基础)。

【行动加固】

训练：请在规定的时间内完成订单的录入 (具体内容教师自设，考评方式同上)。

第三模块　物流客户接待和客户回访

技能训练任务一　物流客户接待

【行动目标】

物流客户服务，除了进行物流客服中心前台业务处理外，有时还需要面对面接待客户。客户接待包括客户来访接待和投诉接待，这里主要介绍客户来访接待，投诉接待主要在第四模块中介绍。客服接待人员代表着公司的形象，更是公司的窗口，客户接待的水平，给客户留下的印象如何会在很大程度上影响客户的回头率。因此，做好物流客户接待关系到塑造公司形象并对公司业务的后续开展起着非常重要的作用。

通过本行动的学习和训练，我们将能够：

① 能按照服务礼仪要求接待物流客户；

② 会使用标准业务用语并做好记录；

③ 会向物流客户介绍企业情况。

【行动准备】

① 分配角色，两人一组，一人扮演客户，另一人扮演物流公司客服人员。

② 教学环境和用具。在课室进行，桌、椅、用作记录的纸笔、客户接待记录表、作为客户样品的道具（没有相近的可用其他代替）。

③ 学生课前任务。前置作业：预习书本上的相关的锦囊并上网查找自己需要的物流公司的资料。

【行动过程】

第一步骤：教师下达任务（具体见任务书，两选一）。

第二步骤：两人一组抽取任务书中其中一个任务模拟客户接待（约10分钟）。

第三步骤：教师在两个任务中各随机抽取一组上台展示。

第四步骤：请同学就上台演示小组发表意见。

第五步骤：教师总结。

① 教师对学生的行动进行点评；

② 对知识内容进行总结；

③ 引出相关的行动锦囊。

第六步骤：观看客户接待录像，观摩正确的客户接待方式。

任务书

任务1：王××最近欲从事手工绣织品的网上销售，为考察负责商品运送的物流公司，他来到客服部，了解并选择合适的物流公司为其配送。作为物流公司的客服人员，请负责接待这位客户。

任务2：××公司客户的进口货物存在我公司仓库，在这次进库中，仓管员在卸货时发现湿损，致电客户来现场查看。客户和其投保的保险公司人员来到我司，请接待并陪同去现场。

两人一组抽取任务书中其中一个任务，要求：

① 按服务礼仪要求接待物流客户。

② 接待时使用标准业务用语，并做好记录。

③ 向客户介绍企业情况（任务1）。

【行动锦囊】

 客户来访接待基本要求

接待是客服人员的一项经常性的工作。在接待中的礼仪表现，不仅关系到自己的形象，还关系到企业形象。所以，接待来访的礼仪历来都受到重视。客服人员在接待中要做到以下几点。

① 有客户来访，应起身握手相迎，主动、热情、大方、微笑问候："您好，有什么可以帮到您的?"。来客多时以序进行，不能先接待熟悉客户。

② 将客人引导到客用椅上，并将客人的位置安排在上座（右侧为上座；门的

正对面为上座）。

③ 对每一位来访的客人都应让座并倒水（茶），每杯茶以 2/3 为宜，敬茶应双手奉上放在客人的右手上方，女士、长者先敬。

④ 尽量用最初 6 秒钟时间来给顾客创造良好的第一印象。在这 6 秒钟里，要学会用眼睛说话。在商务活动中，讲话时目光应停留在对方双眼至前额的三角区域，使对方感到被关注，觉得你有诚意。

⑤ 不能冷落了来访者。如果自己有事暂不能接待来访者，要安排相关人员接待客人。

⑥ 认真倾听来访者的叙述。来访者都是有事而来，因此要尽量让来访者把话说完，并耐心聆听。

⑦ 对来访者的意见和观点不要轻率表态，应思考后再作答，对一时不能作答的，要约定一个时间后再联系。

⑧ 对能够马上答复的或立即可办理的事，应当场答复，不要让来访者等待，或再次来访。

⑨ 正在接待来访者时，有电话打来或有新的来访者，应尽量让助理或他人接待，以避免中断正在进行的接待。

⑩ 对来访者的无理要求或错误意见，应有礼貌地拒绝，不要刺激来访者，使其尴尬。

⑪ 要结束接待，可以婉言提出借口，也可用起身的体态语言告诉对方本次接待就此结束。

⑫ 离开时应轻轻行注目礼，即使客人不看也要行注目礼。

⑬ 接待来访者时，手机应静音。

锦囊二 。。。来访接待标准业务用语（表 3-1）

表 3-1　来访接待标准业务用语

接待情景	标准业务用语
迎客	"欢迎"、"欢迎光临"、"您好"
感谢	"谢谢"、"谢谢您"、"感谢您的帮助"
听取客户意见	"听明白了"、"清楚了，请您放心"
不能立即接待客户	"请您稍等"、"麻烦您等一下，我马上就来"
对在等待的客户	"让您久等了"、"对不起，让您等候多时了"
打扰或给客户带来麻烦	"对不起"、"实在对不起，给您添麻烦了"
表示歉意	"很抱歉"、"实在很抱歉"
客户致谢	"请别客气"、"不用客气"、"很高兴为您服务"
客户道歉	"没有什么"、"不用客气"、"很高兴为您服务"
听不清客户问话	"很对不起，我没听清，请重复一遍好吗"
当要打断客户的谈话时	"对不起，我可以占用一下你的时间吗?"
送客	"再见，欢迎下次再来"

锦囊三 。。。物流企业基本情况介绍

介绍企业基本情况时可从以下要点入手。

① 企业名称。

② 企业主营业务（仓储、运输、配送、流通加工、综合服务等）。

③ 企业特色（价格优势和服务特点）。

④ 企业经营业务市场覆盖面。

⑤ 简短介绍企业全貌。通过事例体现公司对行业、产业"热点"、"难点"问题的认识态度和处理方法、技巧，体现公司在行业内的较高实力，在介绍我们具有行业、产业先进性特点的基础上，还要重点介绍和体现我们发展的潜力和势头，表明我们同客户的合作是长期性、稳定性的。

锦囊四 。。。客户接待记录表模板（表3-2）

表3-2 客户接待记录表

编号： 　　　　　　　　　　　　　　　　　　　日期： 　年　　月　　日

客户姓名		所在单位		接待时间		接待人员	
联系方式							
来访目的							
来访要求							
来访记录							
客户要求 解决情况	□ 已解决　　　　　　　　　　　　　□ 承诺在×天内解决 □ 需同销售部门沟通后解决　　　　　□ 无法解决 说明：若无法解决，请在备注中说明原因						
备　注							

【行动链接】

注意

① 请按照自己成立公司的情况向客户介绍。

② 接待客户的同时完成"客户接待记录表"的填制。

③ 观看客户接待录像，观摩正确的客户接待方式。

④ 任务2不需要介绍企业情况，评价表分值可适当调整。

【行动评价】

"物流客户接待"技能训练任务评价表

公司名(组名)		公司(组别)成员名单			
考评内容					
考评标准	项　目	分值/分	小组自我评价（30%）	其他组别评价（平均)(40%)	教师评价（30%）	合计（100%）
	课前准备充分	20				
	符合接待礼仪	20				
	业务用语使用标准	20				
	接待记录完整	20				
	适当介绍企业情况	20				
合　计		100				

【行动加固】

课后小组成员进行角色互换，并换一个任务书内容，根据上课点评再模拟一次，达到熟练的效果。

技能训练任务二　撰写物流客户回访方案

【行动目标】

客户回访是客户服务的重要内容，做好客户回访是提升客户满意度的重要方法。客户回访对于物流企业来讲，可以了解客户对服务的满意度，还可以创造客户价值。客服人员应定期或不定期对客户进行回访，与客户建立起长期合作关系。在进行回访之前，应先撰写物流客户回访方案。

通过本行动的学习和训练，你将能够：

① 掌握物流客户回访步骤及回访要求；

② 会撰写物流客户回访方案。

【行动准备】

① 分组，课前将学生分组，以小组为单位提交一份物流客户回访方案。

② 教学环境和用具，有上网条件的教室（至少每小组有一台电脑，每个教室

有一台投影仪），若没条件也可布置学生课前查阅相关资料。

③ 学生课前任务，阅读书本上的相关的锦囊并上网查找需要的资料。

【行动过程】

第一步骤：教师下达任务（具体见任务书）。

第二步骤：小组讨论和完成任务书中的内容。

第三步骤：小组成果展示。

每一组派一名代表将小组讨论的结果向大家展示，展示内容如下。

① 成果展示（以 Word 文档形式）；

② 对内容进行讲解和分析。

第四步骤：教师总结。

① 教师对学生的行动进行点评；

② 对知识内容进行总结；

③ 引出相关的行动锦囊。

任务书

经考察，王兴决定与我司合作，由我司负责其网上商品的运输配送，王××将店铺起名为"SHOW 绣"，上周，王××有一批手工绣织品由我司配送至市区，按常规，一周后，公司客服人员要对该客户进行电话回访，回访前，请先撰写一份物流客户回访方案。

【行动锦囊】

 物流客户回访步骤

1. 查询客户资料

客户服务专员查询客户资料库，详细分析客户资料内容和客户服务需求。

2. 明确回访范围

客户服务专员根据客户资料确定客户回访对象。

3. 制订《客户回访方案》

4. 预约回访时间和地点

客户服务专员与客户联系，确定具体的回访时间和回访地点，电话回访可直接选择适当时机进行。

5. 准备回访资料

客户服务专员根据《客户回访方案》准备客户回访的相关资料，包括客户基本情况、客户服务的相关记录和客户消费特点、回访调查表等。

6. 实施回访

7. 整理回访记录

客户服务专员在客户回访结束后，及时整理《客户回访记录表》，从中提炼主要结论。

8. 主管领导审阅

客户服务主管对客户服务专员的《客户回访记录表》以及《客户回访报告表》进行审查，并提出指导意见。

9. 资料存档

客户服务部相关人员对《客户回访记录表》进行汇总，并经过分类后予以保存，以备参考。如图 3-1 所示。

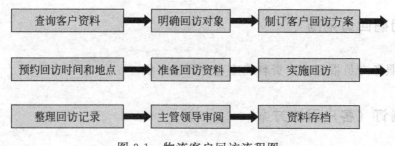

图 3-1 物流客户回访流程图

锦囊二 ○○。物流客户回访要求

① 语言简洁，不占用客户太多的时间，以免引起反感；言语温和并注意语气节奏。

② 回访时先向客户说明事由、大约的谈话时间，让顾客清楚回访目的。

③ 回访用语的开头、结尾要统一化、简明化、礼貌化。

④ 要倾听，多听少说，多让客户说话，对客户要及时热情的回应，让客户感受到我们是用心倾听。

⑤ 及时记录回访内容，反映敏捷，发现问题，及时给予解决方案，若不能即时答复，应明确告知客户回复时间。

⑥ 应避免在节假日及休息时间回访客户。

锦囊三 ○○。物流客户回访方案内容

客户回访方案包括以下关键点。

1. 明确回访目的

回访的目的是了解客户对所提供的服务满意度，对公司的想法，继续合作的可能性大小。回访的意义是要体现我们的服务，维护好老客户，了解客户想什么，最需要什么，是需要我们提供更多一些的服务，还是应该在哪些方面进行改进。

2. 明确回访范围（对哪些客户进行回访）

3. 明确定期回访时间

第一次以业务确立后 5～7 天，第二次是 30 天后，第三次是 3 个月后，第四次是 6 个月后（半年价值跟踪期）。

一般客户在遇到问题时、客户希望物流企业再次提供服务时是客户回访的最佳时机。如果能掌握这些，及时联系到需要帮助的客户，提供相应的支持，将大大提升客户的满意度。

4. 确定合适的客户回访方式

客户回访的主要方式有面谈、电话、传真、信函，一般以电话回访为重点。

5. 明确客户回访主要内容

可从以下方面考虑回访内容。

① 客户满意度（订货周期、配送频率、及时配送率、送货完好性、订货状况信息、单据质量、配送差错率、货物残损率、信息准确率、库存周转率、存货可获性、订单完整性）。

② 听取客户对本公司服务的合理化建议及意见，以制订出客户满意度量化指标。

③ 新业务推介等。

6. 确立分析处理方法

7. 设计回访记录表

根据回访方式的不同，设计相应的调查表。

8. 预计回访费用（仅限面谈）

【行动链接】

注意

① 本技能训练重点在撰写物流客户回访方案，回访记录表在下次技能训练再做。

② 熟悉锦囊一、二为下一技能训练实施做好准备。

【行动评价】

"撰写物流客户回访方案"技能训练任务评价表

公司名(组名)		公司(组别)成员名单			
考评内容					
考评标准	项目	分值/分	小组自我评价（30％）	其他组别评价（平均）(40％)	教师评价（30％）	合计（100％）
	方案完整,贴切	30				
	语言通顺简洁	20				
	排版美观	20				
	解说清晰	20				
	团队合作精神	10				
合　计		100				

【行动加固】

① 根据点评要点对方案进行修改。

② 上网查找其他业务类型（如大、中、小客户，客户分类可参见第五模块技能二锦囊一）的物流客户回访方案。

技能训练任务三　模拟电话回访

【行动目标】

物流客户回访的方式有面谈、电话、传真、信函等，一般以电话回访为主，在上一技能训练完成了回访方案的撰写后，接下来我们将根据回访方案进行一次电话回访。

通过本行动的学习和训练，你将能够：

① 设计物流客户回访记录表；

② 对物流企业某一客户群进行模拟电话回访；

③ 掌握其他回访方式的注意事项。

【行动准备】

① 分组，在原来撰写物流客户回访方案的小组内每两位同

学结对训练，一人扮演客服人员，另一人扮演客户。

② 教学环境和用具，教室、纸笔、客户回访记录表约 30 份。

③ 学生课前任务，阅读书本上的相关的锦囊。

【行动过程】

第一步骤：教师下达任务（具体见任务书）。

第二步骤：小组讨论和完成任务书中的内容。

第三步骤：小组成果展示。

每组由教师抽派两名结对代表上台演示，模拟电话回访（5分钟内）。

第四步骤：教师总结。

① 教师对学生的演示进行点评；

② 对知识内容进行总结；

③ 引出相关的行动锦囊。

第五步骤：请同学作正确示范或播放相关视频观摩。

任务书

我公司已为王兴的网上店铺"SHOW 绣"进行配送服务一周，请针对上周我公司为王兴配送到市区的绣织品，根据前面拟好的物流客户回访方案采用电话方式对该客户进行回访，并登记好物流客户回访记录表。

【行动锦囊】

锦囊一 ○○○ 客户回访记录表模板

模板（可根据实际调整修改），见表3-3。

表3-3　客户回访记录表

编号：　　　　　　　　　　　　　　　　　　　　　　　日期：　年　　月　　日

回访日期		访问客户		回访人	
回访要点					
服务满意度		□好　□较好　□一般　□差　□很差			
访问记录		客户意见和要求		对策与建议	
备注					
主管领导意见			审核日期		

锦囊二 ○○○ 客户电话回访要点

① 在任何可能的情况下，以企业的统一客服号或企业固定电话号码来呼出。客户回访首先留给客户的第一印象就是信任。每位客服人员都应当意识到固定电话与手机号码的不同，陌生手机号码的信任程度是非常低的。

② 客户回访时应先向客户说明回访的事由，大致需要的时间，让受访客户在第一时间就能了解回访的目的。尤其是拨打客户的手机号码时，更应如此。比如，

用"打扰您几分钟"取代"现在方便接听我们的电话吗?"。

③ 电话回访客户时要目的明确,不要希望一次获得所有的信息。不要期望在一次通话中,既要推广企业形象、收集客户反馈,又要同时采集客户消息、以至进行营销推广。过多的目的只会带来不成功的回访。如果确实需要在一次回访中完成两个以上的目标,就需要认真考虑回访的顺序。不同的顺序有可能会带来完全不同的效果。

④ 如果呼出客户的是手机号码,而客户又在异地漫游时,尽量不要呼出或征求客户意见能否继续通话。判断客户是否漫游是轻而易举的事情,只需在回访中稍加询问就可以了。

⑤ 其他回访方式注意事项可参照第二模块之技能训练任务二、三、四。

【行动链接】

注意

可考虑演示或播放几段电话回访情景,让学生判断哪些是正确的,哪些是不正确的,从而巩固所学技能要点。

【行动评价】

"模拟电话回访"技能训练任务评价表

公司名(组名)		公司(组别)成员名单				
考评内容		电话回访				
考评标准	项　目	分值/分	小组自我评价(30%)	其他组别评价(平均)(40%)	教师评价(30%)	合计(100%)
	完成作业态度	10				
	回访记录表设计合理	20				
	记录完整	20				
	电话回访符合要求	50				
	合　计	100				

【行动加固】

① 组员互换角色进行模拟。

② 针对另一客户群如大客户的其他形式的回访模拟。

技能训练任务四　撰写物流客户回访报告

【行动目标】

对客户进行回访后，需要对回访的情况进行梳理，每次回访后应根据客户回访记录表填写客户回访报告表，对客户信息进行分析后定期撰写客户回访报告。

通过本行动的学习和训练，你将能够：

① 填写客户回访报告表；

② 分析物流客户回访信息；

③ 撰写物流客户回访报告。

【行动准备】

① 分组，先让电话回访的两位同学填写客户回访报告表，再让小组撰写物流客户回访报告。

② 教学环境和用具，多媒体教学系统（课件，最好有投影仪）、纸笔、两人小组填写的客户回访报告表约30份。

③ 学生课前任务，阅读书本上相关的锦囊。

【行动过程】

第一步骤：教师下达任务书（具体见任务书）。

第二步骤：小组讨论和完成任务表中的内容。

第三步骤：小组成果展示：请小组代表向大家作物流客户回访报告（可投影）。

第四步骤：教师对学生的行为进行点评和对知识内容进行总结，然后引出相关的行动锦囊。

任务书

① 技能训练任务三技能训练课小组（两人）组员根据客户回访记录表（表3-3）填写客户回访报告表（表3-4）。由于每组充当客户的同学反映的情况不同，每份回访报告表可对应一位客户。

② 科代表负责将全班各小组的客户回访报告表收齐。

③ 分组传阅收上来的客户回访报告表，并对客户回访信息进行分析、讨论。

④ 小组根据全部客户回访报告表撰写物流客户回访报告（Word 文档）。

【行动锦囊】

锦囊一 ○○○ **客户回访报告表模板**（表 3-4）

表 3-4　客户回访报告表

编号：　　　　　　　　　　　　　　　　　　　　日期：　年　月　日

回访对象		回访目的		回访时间	
回访人员		回访形式		回访结果	
回访主要内容					
客户主要意见	客户对服务评价				
	客户对服务期望				
改善客户服务对策					
回访中遇到的问题					
备注/说明					
主管领导审核意见					

锦囊二 ∘∘∘ 分析物流客户回访信息

客户回访过程中，完整记录了企业为客户提供服务过程中所产生的大量有价值的信息，在此基础上进一步分析、加工、整合，更好地判断客户的价值、类型和需求趋势，以便企业今后能够更好更快地为客户提供服务。基于对客户信息研究分析，可达到以下效果。

① 根据客户意见改进服务质量，增强客户满意度。

② 根据客户需求定制个性化服务。通过对客户的深入理解，把握客户的需求，企业能够做到在客户需要的时候主动为其提供服务。

③ 根据客户需求意向创造新服务。企业管理层通过对客户信息如客户意见、客户建议、客户投诉等的管理和挖掘，预测他们未来的需求意向改进服务，能够很好地实现企业与客户之间的互动。很多企业的新服务就是源于客户的建议。

锦囊三 ∘∘∘ 回访报告撰写要点

通过汇总分析客户回访报告表的信息内容，撰写回访报告。回访报告应包括以下要点。

① 回访的时间。

② 回访的形式。

③ 回访了哪些客户。

④ 回访客户对公司的意见或建议。

⑤ 回访客户对公司的总体评价。

⑥ 回访人员对回访结果的评价。

⑦ 回访人员对公司的意见或建议。

【行动链接】

> ### 注意
>
> 本次技能训练的客户回访报告表（表3-4）要根据客户回访记录表（表3-3）填写，并据此撰写回访报告，请注意前后衔接。

【行动评价】

"撰写物流客户回访报告"技能训练任务评价表

公司名(组名)			公司(组别)成员名单		
考评内容					
	项　目	分值/分	小组自我评价 （30%）	其他组别评价 （平均）(40%)	教师评价 （30%）	合计 （100%）
考评标准	准备工作充当	10				
	报告完整	30				
	分析合理	20				
	排版美观	10				
	解说清晰	10				
	团队合作精神	20				
合　计		100				

【行动加固】

请以小组为单位查找一份大型物流公司的客户回访报告，以电子版 Word 文档上交。

第四模块　物流客户投诉处理

技能训练任务一　受理客户投诉

【行动目标】

客户投诉是商机而不是危机，正确处理客户投诉，可以使物流企业不断改进服务，提高客户的满意度，使投诉的顾客成为忠诚的顾客。客户投诉的受理是处理客户投诉的第一步，也是重要的一步，在受理客户投诉中能否为客户树立良好的第一印象直接影响到后续工作的顺利进行。为此，我们首先要掌握好如何受理客户的投诉。

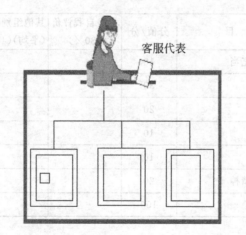

客服代表

通过本行动的学习和训练，你将能够：

① 认识客户投诉处理工作的流程及投诉方式；

② 掌握如何接待客户投诉及登记客户投诉案件；

③ 懂得客户投诉的处理技巧；

④ 学会填写相关投诉处理工具单。

【行动准备】

① 角色分配（分组），根据授课对象的具体情况让不同的学生担任不同的

角色。

　② 教具，课件、张贴板一块、油性笔若干支、板钉一批、书写卡片（不同形状若干），电话，耳机，电脑。

　③ 学生课前任务，阅读相关锦囊并上网或利用其他工具查找相关理论知识。

【行动过程】

第一步骤：教师下达任务（具体见任务书）。

第二步骤：小组讨论方案和分角色完成任务书中的内容。

第三步骤：小组成果展示。

每一组派代表向大家展示，展示内容如下。

① 列举李先生可选择的投诉方式；

② 分角色扮演愤怒的李先生如何投诉及客户服务人员如何受理投诉。

第四步骤：教师总结。

① 教师对学生的行动进行点评；

② 对知识内容进行总结；

③ 引出相关的行动锦囊。

任务书

2月20日 A 公司的李先生使用我们公司的"国际快递一日达"服务向美国 B 公司的 Alen 先生寄出一份电子产品样品，美国客户要求样品务必在美国当地时间 2 月 21 日 18：00前准时送达，否则将取消 100 万美元的订单。美国当地时间 2 月 21 日 18：30美国客人仍然没有收到样品，Alen 发邮件给李先生，要求取消订单，愤怒之下李先生决定向我公司投诉……

① 李先生可以通过哪些方式向我公司投诉？

② 分角色扮演愤怒的李先生及客户服务人员如何受理投诉。

③ 填写客户投诉登记表。

【行动锦囊】

锦囊一 ○○○ **客户投诉处理工作流程及投诉方式**（图 4-1）

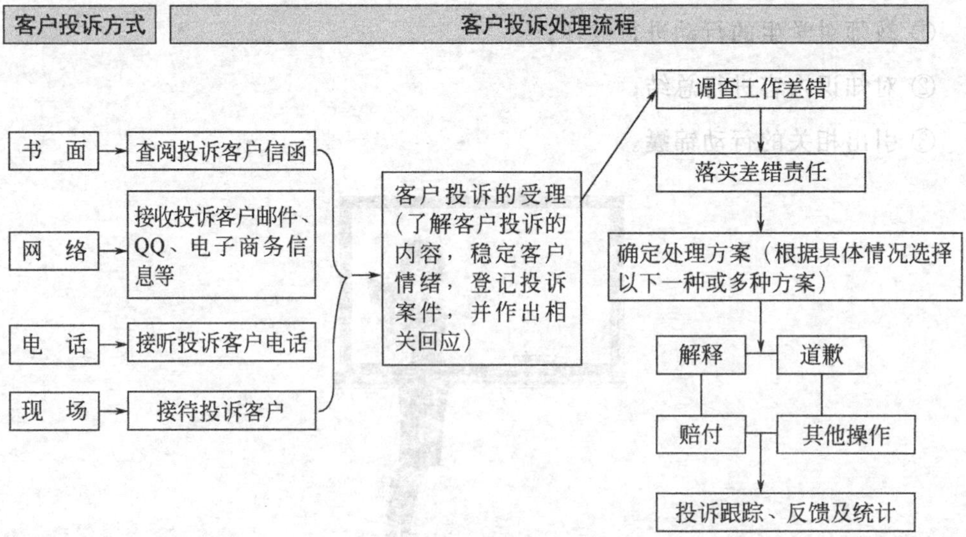

图 4-1　客户投诉处理工作流程及投诉方式

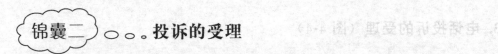

锦囊二 ○○。投诉的受理

1. 书面投诉的受理（图 4-2）

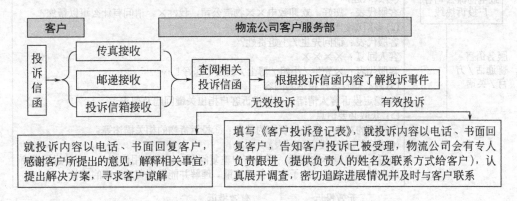

图 4-2　书面投诉的受理

2. 网络投诉的受理（图 4-3）

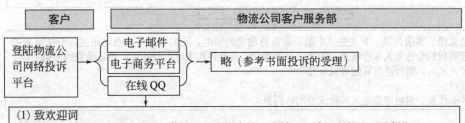

(1) 致欢迎词
在线客服：您好，欢迎访问××物流公司客服在线，我姓×，请问有什么可以帮您？
(2) 多用尊称称呼客人
在线客服：请问先生 / 小姐贵姓？
客人回复：××××
在线客服：×先生 / 小姐 / 博士 / 教授，您好！……
(3) 耐心等待客户回复投诉的内容
(4) 稳定投诉客人情绪，引导投诉客户指出关键问题及要求
(5) 获取必要信息（填写《客户投诉登记表》）
①投诉的对象；②投诉货物的单号；③投诉货物的相关描述等；④客户联系的方式。
(6) 用词准确
用词要清晰、准确、得体，不出现含糊字眼及错别字，不滥用网络用语，适当使用谦辞和礼貌用语，回复客户的用语要做到"快而准"。
(7) 勇于承担责任
勇于承担为客户解决问题的责任，提供本人的联系方式。

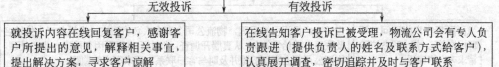

就投诉内容在线回复客户，感谢客户所提出的意见，解释相关事宜，提出解决方案，寻求客户谅解

在线告知客户投诉已被受理，物流公司会有专人负责跟进（提供负责人的姓名及联系方式给客户），认真展开调查，密切追踪并及时与客户联系

图 4-3　网络投诉的受理

3. 电话投诉的受理（图 4-4）

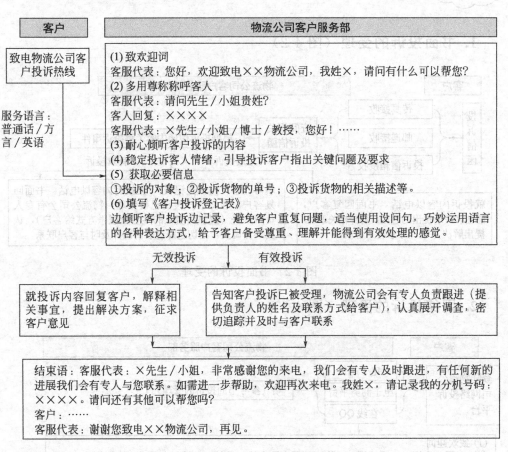

客户	物流公司客户服务部
致电物流公司客户投诉热线	(1) 致欢迎词 客服代表：您好，欢迎致电××物流公司，我姓×，请问有什么可以帮您？ (2) 多用尊称称呼客人 客服代表：请问先生/小姐贵姓？ 客人回复：×××× 客服代表：×先生/小姐/博士/教授，您好！…… (3) 耐心倾听客户投诉的内容 (4) 稳定投诉客人情绪，引导投诉客户指出关键问题及要求 (5) 获取必要信息 ①投诉的对象；②投诉货物的单号；③投诉货物的相关描述等。 (6) 填写《客户投诉登记表》 边倾听客户投诉边记录，避免客户重复问题，适当使用设问句，巧妙运用语言的各种表达方式，给予客户备受尊重、理解并能得到有效处理的感觉。

服务语言：普通话/方言/英语

无效投诉 / 有效投诉

就投诉内容回复客户，解释相关事宜，提出解决方案，征求客户意见	告知客户投诉已被受理，物流公司会有专人负责跟进（提供负责人的姓名及联系方式给客户），认真展开调查，密切追踪并及时与客户联系

结束语：客服代表：×先生/小姐，非常感谢您的来电，我们会有专人及时跟进，有任何新的进展我们会有专人与您联系。如需进一步帮助，欢迎再次来电。我姓×，请记录我的分机号码：××××。请问还有其他可以帮您吗？
客户：……
客服代表：谢谢您致电××物流公司，再见。

图 4-4　电话投诉的受理

4. 当面投诉的受理（图 4-5）

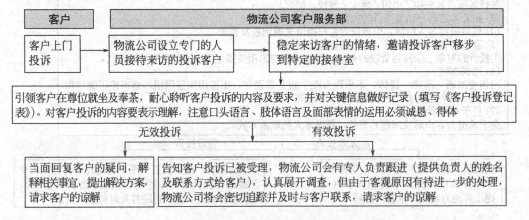

客户	物流公司客户服务部
客户上门投诉	物流公司设立专门的人员接待来访的投诉客户 → 稳定来访客户的情绪，邀请投诉客户移步到特定的接待室

引领客户在尊位就坐及奉茶，耐心聆听客户投诉的内容及要求，并对关键信息做好记录（填写《客户投诉登记表》）。对客户投诉的内容要表示理解，注意口头语言、肢体语言及面部表情的运用必须诚恳、得体

无效投诉 / 有效投诉

当面回复客户的疑问，解释相关事宜，提出解决方案，请求客户的谅解	告知客户投诉已被受理，物流公司会有专人负责跟进（提供负责人的姓名及联系方式给客户），认真展开调查，但由于客观原因有待进一步的处理，物流公司将会密切追踪并及时与客户联系，请求客户的谅解

图 4-5　当面投诉的受理

锦囊三 ○○。登记客户投诉案件

当客户向物流公司投诉的时候，总会滔滔不绝地诉说他/她不愉快的经历，作为客户服务人员一方面要耐心地倾听，因为这是客户发泄的过程，也是被尊重的需要；另一方面，要学会从客户的怨言中过滤出重要的信息，并善于引导客户说出关键问题，以便尽快获取客户投诉的重点用于下一步的调查，为客户及时解决问题。在登记客户投诉的过程中，主要获取三方面的信息并填写客户投诉登记表，见表 4-1。

表 4-1　客户投诉登记表

编号：

运单号码		寄件日期	
投诉客户姓名		投诉客户公司名称	
投诉客户在本物流公司的账号			
办公电话		移动电话	
其他联系方式			
联系地址			
客户投诉的内容			
客户要求			
货物描述	品名： 箱数：　　重量：　　尺寸： 外包装：　　　　　内包装：		
主管部门			
客户投诉的严重程度	高(　)，中(　)，低(　)		

接待客户的客服代表：　　　　　受理日期：

1. 货物的相关信息

货物的相关信息包括：运单/提单号码、下单编号、寄件日期等。如果是货物破损，最好能说服客户提供货物的详细描述（品名、数量、重量、内外包装等），货物破损的内包装、外包装的描述及照片；如果是货物丢失，除了要说服客户提供货物的详细描述外，还要及时获得运单/提单的复印件。

2. 客户投诉的内容及客户的要求

在物流行业中客户投诉的内容是多方面的，有涉及递送延误、货物丢失、货物破损、计量或计费失误等。客户对投诉处理的要求也各有差异，有的客户只要求及时更正错误，有的客户则要求减免运费，有的甚至要求连带赔偿，有的更要诉之于法律及公之于媒体等。

3. 客户的联系方式

掌握客户的联系方式，不应该仅仅停留在获取电话，尤其不应局限于获取办公电话上，必须尽可能多地获得客户的联系方式，如手机号码、邮箱地址、客户公司地址、传真号码、QQ 号码等，以便在调查过程中通过多种渠道与客户联系。

在获取客户以上信息时要掌握技巧，一般情况下，投诉的客户是没有耐性作盘问式的回答的，如果能通过公司物流信息系统能查到的信息尽量不要重复询问客户，但可以换另一种方式，如与客户核对联系资料或变换不同的提问方式及语气。

锦囊四 ○○。客户投诉程度的划分

按照客户投诉的严重程度可以划分为高、中、低三个层次。划分层次的目的是使相关部门在处理该投诉过程中能预先了解客户投诉的程度，以便采取谨慎的态度更好地与客户沟通，避免在投诉的处理上有所偏颇，导致客户投诉的无谓升级。

客户投诉的程度没有明显的划分标准，一般要根据客户投诉的情绪、投诉的内容、事态的进展、投诉事件所引发的后果、社会效应、对公司赢利及声誉的影响、

客户的重要程度等各方面的要素综合衡量。例如，如果客户投诉的愤怒情绪一般，基本能通过客户服务代表的解释或处理就能稳定下来，并通过公司的正常处理流程就能解决问题，恢复客户的满意度及信心的，则该客户投诉的严重程度为"低"；客户投诉情绪激烈，不愿意接受物流公司正常的处理程序，提出额外的或无理的要求，并不是客户服务代表权限可以做到的则该客户投诉的严重程度为"中"；客户投诉异常激烈，经多方交涉无效，已经上升到由物流公司的高级管理人员介入处理，或客户要诉之于媒体或法律的则该客户投诉的严重程度为"高"。以上只是就个别情况进行举例而不是囊括，因为根据不同的个案、不同的客户心理、不同的公司制度都会有不同的划分结果，所以要根据公司的具体规定、个人的工作经验及判断力进行综合分析。

锦囊五 ○○○ 客户投诉受理的应对技巧

1. 稳定自我情绪

客户服务人员要稳定客户情绪，首先要稳定自我的情绪。愤怒的客户犹如火山喷发，将积蓄的怒火指向客户服务人员爆发。面对如此怒气冲冲的客户，客户服务代表首先要做好充分的心理准备。

（1）准备成为"出气袋"

既然是怒气冲冲的顾客，肯定要找个地方出出气，不管客户的投诉是有效的投诉还是无效的投诉，作为物流公司是让客户到处去宣泄还是提供一个客户服务的平台让客户尽情宣泄呢？如果是前者，将会给物流公司带来比较广泛的负面影响，正所谓"好事不出门，坏事传千里"，当客户得知一家物流公司的负面消息时，是不会花时间成本去调查这个负面消息的真实与否，很有可能会抱着将信将疑的态度去改用其他物流公司的服务。如果是后者，客户不满的情绪有地方宣泄，怨气被物流公司客户服务代表收集起来，耐心倾听并为客户解决问题。

（2）准备成为被"攻击"的对象

客户服务代表为什么要成为"出气袋"？为什么要成为被"攻击"的对象？客户服务部是物流公司受理客户投诉的窗口，客户服务代表是代表物流公司受理客户的投诉，代表本部门或其他部门同事的过失听取客户的意见，代表物流公司承担起为客户解决问题的责任，这是客户服务代表的工作性质决定的。

处理客户投诉是客户服务代表的职责之一，如果没有怨气、没有不满客户就不会投诉，客户服务代表只有把客户的怨气收集起来，才能"过滤"出客户投诉的关键问题，以便为客户解决问题，才可以履行处理客户投诉的职责。

人们总会对突然而来的"袭击"束手无策，许多新任的客户服务代表面对愤怒的客户都会很慌张，不知如何应对，甚至慌乱之中用词不当引起客户投诉的升级。但如果做好以上的心理准备，客户服务代表就会感到投诉的客户愤怒、抱怨是很正常的，这也是受理客户投诉不可避免的，客户服务代表要稳定客户的情绪，首先要控制好自己的情绪，端正心态，否则会使处理投诉变得更糟糕。

根据以上的分析，我们可以得到这样的逻辑。

客户不满，所以有抱怨

客户有抱怨，所以投诉

所以，投诉的客户都是带有抱怨的

客户服务部门是物流公司接待客户投诉的窗口

客户服务代表需要履行处理客户投诉的职责

投诉的客户都是带有抱怨的

所以，客户服务代表要面对抱怨的客户

客户服务代表要面对抱怨的客户

客户抱怨可能会让客户服务代表情绪不稳（低落/激动）

客户抱怨可能会让客户服务代表情绪不受影响

客户服务代表情绪不稳会使处理投诉变得更糟糕

所以，客户服务代表要稳定自我情绪

2. 适当让客户发泄情绪

投诉的顾客犹如气势汹汹的洪水，"堵"是"堵"不住的，所谓不能用"堵"就是"不打断"、"不反驳"、"不争辩"、"不急于解释"。

（1）"不打断"

就是让客户发泄的过程中，要耐心地倾听，不要随便打断客户的叙述，让客户表达内心的感受，使不满情绪得以发泄。如果客户在述说不愉快经历的时候被打断，会感觉到不被尊重、客户服务代表没有诚意帮助客户解决问题。

（2）"不反驳"、"不争辩"、"不急于解释"

就是让客户发泄的过程中，不要反驳客户，即使客户的观点是错误的；不要与客户争辩"是与否"，"谁是谁非"等的问题，客户在发泄情绪的时候，总是认为己方是对的，对方是错的，否则就不会投诉了，如果客户服务代表与客户争辩就会使客户的情绪更高涨；不要急于向客户解释，即使客户是对服务产生了误解或是超出物流公司控制范围出现的状况，因为这时客户的气还没消，只会认为客户服务人员只是站在物流公司的立场找借口，从而失去客户对客户服务人员的信任，而不会得到客户理解。

（3）"不打断"、"不反驳"、"不争辩"、"不急于解释"的效果

这种作法并不等于对客户提出的问题及观点给予认同，只是提供空间让客户充分发泄不满的情绪，是对客户的理解与尊重，以便尽快取得客户的信任。

3. 稳定客户情绪

面对气势汹汹的投诉客户，客户服务代表可以用"疏导"的方法，所谓"疏"是在客户诉说不愉快经历的时候，客户服务代表给予充分的理解与同情。客户服务人员不打断客户的诉说不等于一言不发，因为那样客户会以为你没有认真倾听他/她所投诉的内容，得到的是被蔑视的感觉。相反，客户服务代表给予相应的回应，才会让客户觉得被理解、被尊重，使客户的情绪得以稳定，并尽快获取客户的信任。在客户发泄情绪时，我们可以运用以下短语作回应："我明白"；"我能理解你的感受/处境"；"如果是我，我也会很困扰的"；"我知道这会给您和贵公司带来很多的不便"。

4. 找准时机，引导客户说出关键问题

让客户发泄情绪，要适度而不是无休止地发泄，否则会影响解决问题的有效时

机及客户服务代表的工作效率。比如一位客户不断地抱怨该物流公司的员工服务态度差，没有履行对客户的承诺，这会对客户公司造成很大的麻烦和损失。如果投诉的顾客漫无边际地叙述，客户服务人员应在客户情绪得以发泄后，用转折性的语句，引导客户说出关键问题，如："我能体谅您的心情，我希望问题在我这里可以得到有效的解决"；"我可以了解一下具体的情况吗？我希望能尽快为您解决问题"。

当客户服务代表得到客户信任，客户愿意诉说其不愉快的经历时，客户服务代表一定要注意听取客户所讲的每个细节，并在《客户投诉登记表》上做好记录。尤其要注意的是，客户服务代表不能随意推测，不要自作结论，否则会影响事件的调查。

5. 过滤关键信息，再次与客户核实情况

投诉的客户在投诉的过程中带有不好的情绪，很少客户能够平静地讲述实情，有很多客户在讲述不愉快经历的过程中会反复回到抱怨的状态。可以说听取客户投诉的信息是比较杂乱的，客户服务代表要从中过滤出关键的信息，以便尽快展开调查，为客户解决问题。

掌握基本情况后，客户人员要再次与客户核实情况，以便提高信息的准确性，避免由于信息错误，阻碍调查的进展，导致客户的进一步投诉。客户服务代表可以根据不同的情况，使用不同的方式与客户核实情况，如：

"明白，我刚才已经对李先生讲述的内容做了详细的记录，为了尽快为您解决问题，请允许我再为您核对一下资料：贵公司一共寄了 12 箱包裹，对方客人只是收到其中的 10 箱，还有 2 箱至今仍未收到……"

"很抱歉这件事给您造成不便，刚才您是说您在运单和商业发票上填的金额是 10.00 美元，但是我们公司的职员向海关申报的却是 10000 美元，您要求我们马上与海关交涉，尽快安排您的包裹递送给您的收件人。请问我刚才的复述有没有需要更正或者不够完善的地方？"

"陈小姐，请看一下我的理解是否正确。您的包裹是……"。

6. 如何进入投诉受理业务的结束阶段

当客户服务代表掌握了客户投诉事件后，应该尽快结束该投诉受理业务，以便

能尽快为客户调查和解决问题。尽快结束投诉受理，不等于打发客户，而是要给客户"吃定心丸"，让客户感觉到，客户服务代表已经完全明白客户的诉求，并会为其解决问题。客户服务代表可以使用以下的语句使话题转入结束阶段：

"苏小姐，非常感谢您的来电，我们会马上为您跟进贵公司所寄货物出现破损的问题，有任何新的进展会立刻与您联系。我方便再次与您核对一下您的联系方式吗？您的电话是×××××××××××××。麻烦您记录一下我的直线电话×××××××××，我姓林，如有需要可以进一步与我联系。"

【行动链接】

注意

① 可根据客户投诉的不同方式创设相应的情景及教学软件，通过角色扮演及软件操作让学生掌握客户投诉受理的操作业务。

② "客户投诉处理的应对技巧"是本技能训练的难点，可以播放客户投诉的相关视频，引导学生理解。

【行动评价】

（　　）班技能训练任务评价表

公司名(组名)			公司(组别)成员名单			
考评内容						
考评标准	项　目	分值/分	小组自我评价（30%）	其他组别评价（平均）(40%)	教师评价（30%）	合计（100%）
	参与的积极性	20				
	根据客户投诉的不同方式运用相应的业务流程受理客户投诉	50				
	融入角色，突出重点	10				
	运用投诉受理技巧	20				
	合　计	100				

【行动加固】

根据本模块技能训练任务一中任务书的内容，运用头脑风暴法，列出造成货物延误的可能性原因。

技能训练任务二　客户投诉的调查处理

【行动目标】

客户投诉的目的是希望物流公司能听取意见，提供帮助，解决问题，而不是纯粹的抱怨。最有效的处理投诉的方法是尽快调查事件、落实差错责任、给予客户有效的解决方案。作为一线的客户服务人员，必须清晰地掌握不同类型投诉的调查，如送货延误、出现货损货差等，并在工作中不断积累综合的分析和解决问题的能力。

通过本行动的学习和训练，你将能够：

① 学会按流程调查送货延误、出现货损货差等问题；

② 掌握公司内部的调查方法，学会填制客户投诉调查表；

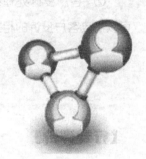

③ 掌握对寄件人及收件人的沟通技巧及调查方法；

④ 懂得根据调查的结果落实差错责任；

⑤ 懂得如何根据调查结果与客人交涉；

⑥ 学会填制客户投诉处理通知书。

【行动准备】

① 角色分配（分组），根据授课对象的具体情况让不同的学生担任不同的角色。

② 教具，相关课件、张贴板一块、水笔若干支、板钉一批、书写卡片（不同形状若干），电话，耳机，电脑，纸箱若干，红酒杯（有裂痕）2个，填充材料。

③ 学生课前任务，阅读相关锦囊并上网或利用其他工具查找相关理论知识。

【行动过程 1】

第一步骤：教师下达任务（具体见任务书 1）。

第二步骤：小组讨论和完成任务书中的内容。

第三步骤：小组成果展示，每一组派代表分角色扮演。

第四步骤：教师总结。

① 教师对学生的行动进行点评；

② 对知识内容进行总结；

③ 引出相关的行动锦囊。

任务书 1

根据第四模块客户投诉处理技能训练任务一"受理客户投诉"中任务书上的内容，完成下列任务。

我公司承诺："如果客户当天寄件能赶上当天航班，顺利清关，没任何延误的情况下，样品会在当地时间次日 18：00 前送达"。

我物流公司"美国一日达"运送样品的正常流程（以下是中国国内转运部分，所列时间均为中国北京时间）。

2009.02.20 13：00 前收件，赶一日达航班

2009.02.20 17：00 集货到机场

2009.02.20 18：00—19：00 分拣货物

2009.02.20 19：00—22：00 海关检查货物

2009.02.20 22：00—23：00 海关放行货物，货物装机

2009.02.20 23：00 飞机起飞

① 投诉已被受理，请扮演客户服务代表的角色，如何开展调查？请设计一个可行的调查方案。

② 在调查的过程中，你将要向哪些人及部门展开调查？请设计调查的方案并做好调查记录，填制《客户投诉调查表》。

③ 请根据以下不同的调查结果，落实差错责任。

调查结果 a：根据物流信息系统查看，在 2 月 20 日 23：00 前转运正常，但飞机起飞的记录如下：

2009.02.20　23：00　货物暂留机场（雷雨天气）

2009.02.21　23：00　飞机起飞

调查结果 b：海关刚好抽检该批货物，进行例行检查，货物于 2009.02.21 凌晨 02：00 海关认为货物和单证均符合要求，予以放行，无法赶上 2 月 20 日当天的航班。

④ 根据调查的结果填写客户投诉处理通知书。

【行动锦囊 1】

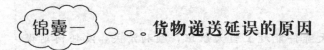

锦囊一　货物递送延误的原因

造成货物延误的原因是多方面的，有物流公司内部的原因，有不可抗力的原因，也有客户自身的原因，详见表 4-2。

表 4-2　货物递送延误的原因

物流公司内部的原因	不可抗力的原因	客户自身的原因
递送员失误（没及时收派件、递送到错误地址等）	天气（暴雨、大雾、雷雨、风雪等）	递送员上门收件时，货物没有准备好
客户服务代表失误（寄件人地址登记错误，导致收件延误；提供错误信息等）	地震、洪水、海啸等自然灾害	递送员上门收件时，单证资料没有准备好
运输工具故障	社会问题（罢工、游行示威、暴动等）	中途要求退件，重新再寄
分拣错误	交通堵塞	中途要求更改收件人的地址
交叉调换货物		无法联系收件人

锦囊二 ○。。 货物递送延误的调查处理流程（图 4-6）

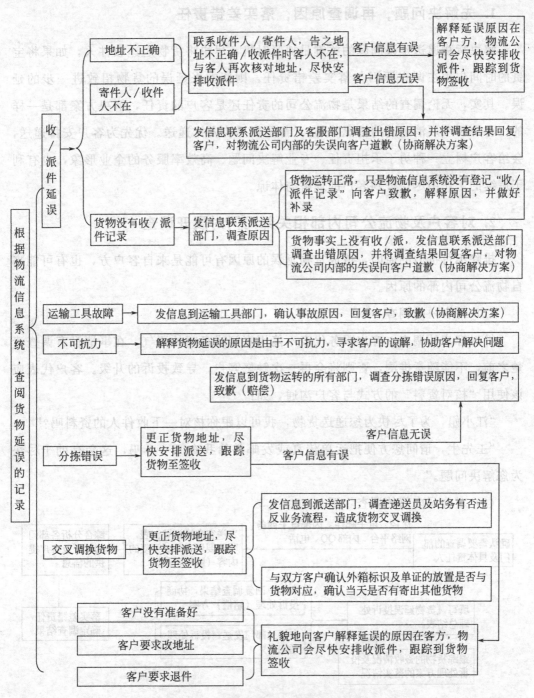

图 4-6　货物递送延误调查处理流程

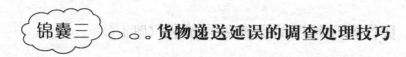

锦囊三 货物递送延误的调查处理技巧

1. 先解决问题，再调查原因，落实差错责任

解决货物递送延误问题的关键是抓紧时机，尽快将货物送达收件人，如果将宝贵的时间先用在调查原因与落实差错责任，则使本来延误的货物招致进一步的延误。其实，无论调查的结果是物流公司的责任还是客户的责任，解决方案都是一样的（客户要求取消运送的情况除外），都是要尽快安排递送。优先为客户安排递送，会给客户树立一种勇于承担责任、专业解决问题、高效率服务的企业形象，也有利于后续的工作中尽快得到客户的理解与体谅。

2. 对客户及物流公司内部相关部门同时展开调查

排除不可抗力的原因，造成货物延误的原因有可能是来自客户方，也有可能来自物流公司内部的原因。

（1）对客户的调查

针对客户的调查，客户服务代表不能用责问或盘问的语气，在事情没有调查清楚之前，不能随意推测，否则将会再一次触怒客户，导致投诉的升级。客户代表应该使用"核对资料"的方式与客户沟通，如：

"江小姐，为了尽快为您递送货物，我可以跟你核对一下收件人的资料吗？"

"王先生，请问您方便把运单传真或发邮件给我查阅一下吗，这会有助于尽快为您解决问题。"

（2）对公司内部的调查（图 4-7）

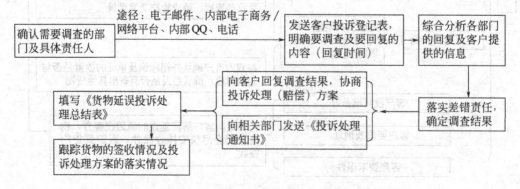

图 4-7　公司内部调查的流程图

锦囊四 ○○○ **客户投诉调查表**（表4-3）

表 4-3　客户投诉调查表

客户投诉受理编号：　　　　　　　运单号码：

物流信息系统调查			
物流信息系统货物状态记录：			
异常状态记录：			
客户方调查			
寄件人公司名：		寄件人电话：	
寄件人姓名：		寄件人 E-mail：	
收件人公司名：		收件人电话：	
收件人姓名：		收件人 E-mail：	
与寄件人初次联系记录	联系电话：	分机：	联系人：
	联系内容：		
	调查员签名：	联系日期及时间：	
与收件人初次联系记录	联系电话：	分机：	联系人：
	联系内容：		
	调查员签名：	联系日期及时间：	

（续表）

与寄/收件方后续联系记录	联系电话：	分机：	联系人：
	呼入/呼出电话：		
	联系内容：		
	调查员签名：	联系日期及时间：	
	联系电话：	分机：	联系人：
	呼入/呼出电话：		
	联系内容：		
	调查员签名：	联系日期及时间：	
	(备注：与寄/收件方后续联系记录可以是多条的)		

公司内部调查(可发送到不止一个部门)

联系部门：		联系方式：	
联系人：		电话及 E-mail：	
联系内容	调查员签名：	联系日期及时间：	

公司内部调查回复(可接收不止一个部门的回复)

回复部门：		回复人：	
回复内容：	调查员签名： (附：回复的邮件/电话录音编码)	联系日期及时间：	
调查结果			
差错责任方			

锦囊五 客户投诉处理通知书（表4-4）

表4-4 客户投诉处理通知书（物流公司内部）

客户投诉受理编号：　　　　　　　　　　运单号码：

通知部门：	
部门负责人：	
通知方式及联系信息：	电话（　　）　　　　　　　　　　　电话号码： 电子邮件（　　　）　　　　　　　　邮箱地址：
调查结果：	
差错责任方：	
客户要求：	
处理结果：	
备注：	

【行动过程 2】

第一步骤：教师下达任务（具体见任务书2）。

第二步骤：小组讨论和完成任务书中的内容。

第三步骤：小组成果展示，每一组派代表分角色扮演。

第四步骤：教师总结。

① 教师对学生的行动进行点评；

② 对知识内容进行总结；

③ 引出相关的行动锦囊。

任务书2

广州JS公司的李先生通过我物流公司向法国的客人××寄了两个水晶红酒杯作为礼物，每个红酒杯的价格是100美元。当法国客人收到礼物时却发现，其中一个红酒杯出现多处裂痕，于是拒绝签收，要求退回。

（备注：该物流公司不向客户提供代客包装的服务）

（1）该礼物已被退回我物流公司法国分公司，法国的客户服务同事因为不会中文，请求您（客服人员）与中国客人交涉，请设计您的处理方案。

（2）你的处理方案还没设计好，中国客人已经打电话到客服中心投诉，如果你是接待该投诉的客户服务代表，请问该如何应对？

（3）以下是物流公司各部门给你的回复及双方客人对货物包装的描述，请你根据以下信息，按照"任务书1"的模式，处理该投诉并填写《客户投诉调查表》、《客户投诉处理通知书》。

① 寄件人：货物内外包装良好，贴好封口，并在外箱加贴"易碎品"标志。

② 收件人：外箱没有出现破损，封口完好，两个杯子之间用一张瓦楞纸隔开，每个杯子用泡沫纸包裹。

③ 寄件地各部门：没发现异常。

④ 目的地派送站：派送前没发现异常。

【行动锦囊 2】

锦囊六 ○○。**破损货物的调查处理流程**（图 4-8）

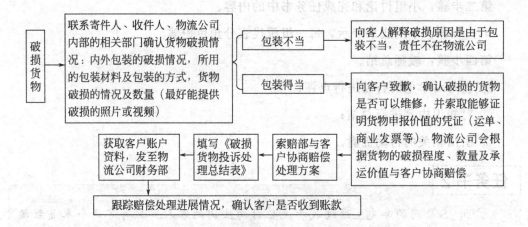

图 4-8 破损货物的调查处理流程

【行动过程 3】

第一步骤：教师下达任务（具体见任务书3）。

第二步骤：小组讨论和完成任务书中的内容。

第三步骤：小组成果展示，每一组派代表进行角色扮演。

第四步骤：教师总结。

① 教师对学生的行动进行点评；

② 对知识内容进行总结；

③ 引出相关的行动锦囊。

任务书 3

广州 KK 公司的何先生委托我物流公司向英国的 Brown 先生寄出 1 箱手机样品，内有 A、B、C、D、E、F 型号手机各一台，共 6 台。当 Brown 先生打开外箱时，发现只装有 C、D、E、F 型号手机各一台，其中 A、B 型号两台手机不翼而飞。为此，Brown 先生致电物流公司投诉。

分角色扮演何先生和物流公司的客服代表，按照"任务书1"的模式，处理该投诉并填写"客户投诉调查表"、"客户投诉处理通知书"。

【行动锦囊 3】

锦囊七 ○○○ **货差的追踪与调查**（图 4-9）

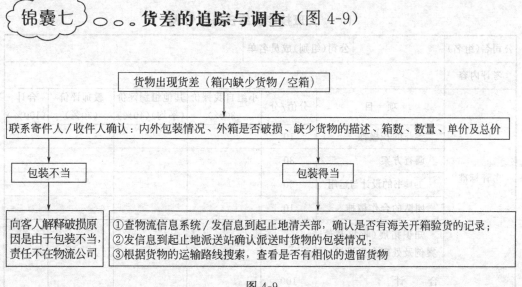

图 4-9

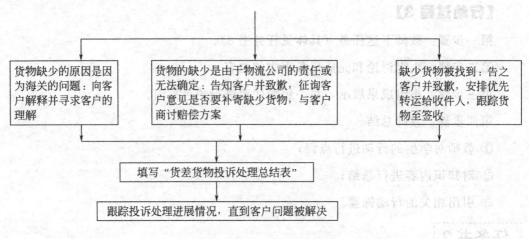

货物缺少的原因是因为海关的问题：向客户解释并寻求客户的理解

货物的缺少是由于物流公司的责任或无法确定：告知客户并致歉，征询客户意见是否要补寄缺少货物，与客户商讨赔偿方案

缺少货物被找到：告之客户并致歉，安排优先转运给收件人，跟踪货物至签收

填写"货差货物投诉处理总结表"

跟踪投诉处理进展情况，直到客户问题被解决

图 4-9　货差的追踪与调查

【行动链接】

注意

① 观看相关货物延误、货损、货差的视频及案例。

② 发动学生收集其他类型的投诉案例，运用本技能训练的方法进行投诉处理模拟演练。

【行动评价】

(　　) 班技能训练任务评价表

公司名(组名)			公司(组别)成员名单			
考评内容						
考评标准	项　目	分值/分	小组自我评价(30%)	其他组别评价(平均)(40%)	教师评价(30%)	合计(100%)
	参与的积极性	10				
	调查方案	30				
	工具书的设计与运用	30				
	团队的合作精神	10				
	知识拓展(收集其他案例及处理方案设计)	20				
合　计		100				

【行动加固】

广州 JS 公司的李先生委托我物流公司向日本 DD 会馆的惠子小姐寄出 12 箱精密仪器，但惠子小姐只收到 10 箱。为此，李先生致电物流公司投诉。

分角色扮演李先生和物流公司的客服代表，处理该投诉。

技能训练任务三　客户投诉的总结与分析

【行动目标】

客户投诉的总结与分析是联系客户和物流企业的一条纽带，是一条很重要的信息通道。做好投诉分析，可以使物流企业从繁杂而又具体的投诉中，发现服务的盲点，以便总结经验，吸取教训；也可以从中挖掘出客户需求信息，使服务更加贴近客户，更加贴近市场。

通过本行动的学习和训练，你将能够：

① 学会填写客户投诉处理总结表；

② 掌握客户投诉案件统计表的填写方法 。

【行动准备】

① 角色分配（分组），根据授课对象的具体情况让不同的学生担任不同的角色。

② 教具，课件、张贴板、水笔若干支、板钉一批、书写卡片（不同形状若干）、电话、耳机、电脑。

③ 学生课前任务，阅读相关理论知识并上网或利用其他工具查找相关理论知识。

【行动过程】

第一步骤：教师下达任务（具体见任务书）。

第二步骤：小组讨论和完成任务书中的内容。

第三步骤：小组成果展示。

每一组派一名代表将小组讨论的结果向大家展示，展示内容如下。

① 将讨论的成果（书写卡片）张贴在张贴板上；

② 对内容进行讲解和分析。

第四步骤：教师总结。

① 教师对学生的行动进行点评；

② 对知识内容进行总结；

③ 引出相关的行动锦囊。

任务书

根据本模块技能训练二中三个任务的调查，分别对货物延误、货物破损、货差三个投诉事件编写"客户投诉处理总结"及"客户投诉案件统计表"。

【行动锦囊】

锦囊一 客户投诉处理总结的作用和内容

客户投诉处理总结是处理客户投诉的尾声，是对整个投诉处理工作的整理，以利于物流企业存档及作出相关统计，分析客户投诉的原因，不断改进服务质量。客户投诉处理的总结主要包括以下内容。

① 运单号码。

② 客户资料。

③ 相关重要时间要素的记录。

④ 客户投诉的内容及要求。

⑤ 调查原因及调查结果。

⑥ 落实差错责任。

⑦ 处理方案。

锦囊二 ○○○ **货物延误的投诉处理的总结**（表 4-5）

表 4-5 货物延误投诉处理总结表

运单号码： 　　　　　　　　　　　　　　　　寄件日期：

项　目	描　述
寄件人资料	公司名： 联系人： 联系电话：
收件人资料	公司名： 联系人： 联系电话：
寄件/收件日期	寄件日期：　　　　　　收件日期：
货物延误时间总计	
货物延误原因	
差错责任方	
客户投诉的内容及要求	
协商处理方案	
货物运费合计	
客户平均每月的运费合计	
调查及处理所用时间	
客户对处理结果的满意度	满意（　　）　　可以接受（　　）　　不满意（　　）
调查资料内容及页数	

客户投诉处理客服代表签名：　　　员工号：　　　主管签名：　员工号：

锦囊三 °°°货物破损的投诉处理的总结（表4-6）

表 4-6　货物破损投诉处理总结表

运单号码：　　　　　　　　　　　　　　　　　　　　　寄件日期：

项　目	描　述
寄件人资料	公司名： 联系人： 联系电话：
收件人资料	公司名： 联系人： 联系电话：
寄件/收件日期	寄件日期：　　　　　　收件日期：
寄件人对货物的描述	货物的箱数：　　　重量：　　　货物的单价： 货物的外包装描述： 货物的内包装描述： 货物破损状态的描述： 破损货物的箱数：　　破损件数/箱：　　破损件数合计： 备注：
收件人对货物的描述	货物的箱数：　　　重量：　　　货物的单价： 货物的外包装描述： 货物的内包装描述： 货物破损状态的描述： 破损货物的箱数：　　破损件数/箱：　　破损件数合计： 备注：
寄件地收件员/站点对货物的描述	货物的外包装描述： 货物的内包装描述： 货物破损状态的描述：

项　目	描　述
收件地收件员/站点 对货物的描述	货物的外包装描述： 货物的内包装描述： 货物破损状态的描述：
转运途中发现货物破损的状态描述	
破损原因调查结果	
货物是否可被维修及维修费用	
破损货物（不可维修）的承运价值	
差错责任方	
客户投诉的内容及要求	
协商处理方案	
货物运费合计	
客户平均每月的运费合计	
调查及处理所用时间	
客户对处理结果的满意度	满意（　　） 可以接受（　　）不满意（　　）
调查资料内容及页数	

客户投诉处理客服代表签名：　　　　员工号：　　　　主管签名：　员工号：

 锦囊四 ○○○ **货差的投诉处理的总结**（表 4-7）

表 4-7　货差投诉处理总结表

运单号码：　　　　　　　　　　　　　　　　　　　　　寄件日期：

项　目	描　述
寄件人资料	公司名： 联系人： 联系电话：
收件人资料	公司名： 联系人： 联系电话：
寄件/收件日期	寄件日期：　　　　　　收件日期：

续表

项　目	描　述		
寄件人对货物的描述	寄出的货物箱数： 件数： 货物名称： 货物的外包装描述： 货物的内包装描述： 缺少货物的箱数： 货物名称： 备注：	重量： 重量： 	货物的单价： 货物的单价： 件数：
收件人对货物的描述	收到货物的箱数： 件数： 货物的外包装描述： 货物的内包装描述： 缺少货物的箱数： 货物名称： 备注：	重量： 重量： 	货物的单价： 货物的单价： 件数：
寄件地收件员/站点对货物的描述	寄出的货物箱数： 货物名称： 货物的外包装描述： 货物的内包装描述： 缺少货物的箱数： 货物名称： 备注：	重量： 重量： 	
收件地收件员/站点对货物的描述	寄出的货物箱数： 货物名称： 货物的外包装描述： 货物的内包装描述： 缺少货物的箱数： 货物名称： 备注：	重量： 重量： 	
货差原因调查结果			
缺少货物是否被找到	是（　　）	否（　　）	
缺少货物的承运价值			
差错责任方			
客户投诉的内容及要求			
协商处理方案			
货物运费合计			
客户平均每月的运费合计			
调查及处理所用时间			
客户对处理结果的满意度	满意（　　）　　可以接受（　　）　　不满意（　　）		
调查资料内容及页数			

客户投诉处理客服代表签名：　　　员工号：　　　　主管签名：　员工号：

锦囊五 ○○。投诉案件统计表（见附录）

【行动链接】

注意

本任务只提供三个个案让学生填写"投诉案件统计表"，建议老师自行设计并丰富"投诉案件统计表"里的数据，并引导学生分析。

【行动评价】

（　　）班技能训练任务评价表

公司名(组名)			公司(组别)成员名单			
考评内容						
考评标准	项　目	分值/分	小组自我评价（30%）	其他组别评价（平均）(40%)	教师评价（30%）	合计（100%）
	参与的积极性	20				
	总结表的填制	40				
	投诉统计表的填制	30				
	团队的合作精神	10				
合　计		100				

【行动加固】

××商贸集团李先生有两箱货物分别寄往美国纽约的 A 公司和美国华盛顿的 B 公司，收件人均如期收到货物，但所收的货物刚好交叉调换，即 A 公司收到了 B 公司的货物，B 公司收到了 A 公司的货物。寄件人和目的地的两位收件人均打电话到我公司投诉。如果你是客户服务代表，您将如何处理该投诉。请按照本模块所学的知识，分角色进行模拟演练。

第五模块　物流客户关系维护

技能训练任务一　建立物流客户档案

【行动目标】

客户信息是企业客户服务的基础，只有对客户信息进行认真完整的分析，才能为客户提供高水平的服务，才能为物流企业创造收益。当客户已经与物流企业发生业务关系后，要为该客户建立档案。

通过本行动的学习和训练，你将能够：

① 了解客户信息调查的内容；

② 掌握客户信息调查的方法及沟通的技巧；

③ 掌握如何建立物流客户档案及填写客户资料信息表。

【行动准备】

① 多媒体教学系统（课件）。

② 具备上网功能的教室或者可上网的手机（根据具体条件，课下上网查找亦可）。

③ 分组，学生分组（每组人数根据教学对象实际情况确定，然后扮演不同的角色）。

④ 纸张与笔。

⑤ 学生课前任务，阅读书本上的相关锦囊。

【行动过程】

第一步骤：教师下达任务（具体见任务书）。

第二步骤：各小组成员根据任务书要求上网查找，最好能与客户直接沟通（电话、邮件、面谈）。

第三步骤：如果与客户直接沟通，小组成员先进行模拟练习并设计要提问的问题。

第四步骤：对照锦囊取舍所列出的内容。

第五步骤：综合各成员所了解的信息，最终制作客户信息调查表及列举客户档案所包括的信息。

第六步骤：每一组派一名代表将小组讨论的结果向大家展示，展示内容如下。

① 成果展示（纸张或 PPT）；

② 对内容进行讲解和分析。

第七步骤：教师总结。

① 教师对学生的行动进行点评；

② 对知识内容进行总结；

③ 引出相关的行动锦囊。

任务书

① 某美资公司为世界 500 强之一，其每月进出口量为 100 个货柜，每年的物流费用大约为人民币 2800 万元，为了争取到该客户并为其提供更好的服务，请确定对该客户应调查的内容并制作客户信息调查表。

② 假如上述公司已经成为本物流企业的客户，如何建立客户档案。

（小组讨论并完成以上的任务，并将讨论的结果写在书写卡片上，便于下一步的展示）。

【行动锦囊】

锦囊一 ○○○ 客户信息调查的内容

客户信息调查的内容如下。

① 公司名称。

② 公司性质，如中外合资、独资、国营、民办企业等。

③ 公司经营的主要产品，如涂料、电子产品、化妆品等。对不同的产品提供

不同的物流配套设施。

④ 公司的法人代表。

⑤ 公司的总部设立。通过了解总部所处的国家，初步了解该客户的特点。

⑥ 公司的地址、电话、传真，方便以后的沟通及拜访。

⑦ 公司物流部的主要负责人，为发展该客户找到起关键作用的人物。

⑧ 公司需要的物流服务，如运输、仓储、报关、包装等。通过了解此信息，结合本企业的优势，可以为该客户提供更贴切的服务。

 锦囊二 ○○。**客户调查方法、实施及沟通的技巧**

1. 客户信息调查的方法

① 通过互联网查找该客户的资料。现在很多企业都有自己的网页，通过网上搜索，一般会查到该公司的信息。用这种方式通常会查到该公司所在的总公司、分公司、主要业务、联系电话、公司性质等信息。

② 直接电话联系。在网上查到联系电话后，可以通过电话与相关负责人联系。此种方式可以得知该公司采用的主要的运输方式（海运、陆运、空运），货物进出口的数量等信息。

③ 问卷调查。运用设计好的表格发送给对方进行调查。此种调查方法目的明确；语言通俗易懂，便于阅读；调查问题清晰，易于作答；对客户的信息保密；有激励因素。

④ 书刊报纸。有关物流方面信息的报纸及书刊也会对企业进行详细的报道。

2. 客户信息调查的实施

① 确立具体负责人。客户信息调查收集整理是一项长期性的工作，如果不能持之以恒就难以见效，所以该项工作一定要落实具体负责人才不致中断。

② 资料整理与建档。收集得到的资料，先应确认其完整性，再利用系统录入、整理、统计。

③ 资料的维护。随着时间的推移，客户业务不断调整或发展，所以每隔一段时间就应将客户资料更新一次，一般以每年更新一次为宜。

3. 与客户沟通的技巧

① 多用礼貌语，"您好"，"谢谢"，"请问"等词语。

② 多谈论客户所感兴趣的事，多用"您"，"为您公司带来的好处……"，从而让客户觉得他的重要性及你能设身置地为他着想。

③ 多聆听别人，不要打断说话者的话题。一定要学会认真地聆听别人，你将会越来越深刻地意识到，聆听在人类成功的交往中非常重要。所以，请努力做一名好听众，这样可以从中获得别人更多的好感与信任。

④ 善于运用提问。巧妙、恰如其分的提问，能说明你对说话者的话题感兴趣，你在认真听，你的提问，不但能加深说话者对你的印象，还可以引起更深的话题，这样，你所了解的信息会更多。其他的沟通技巧请参见本书相关内容。

锦囊三 ○○。填写客户资料信息表（表 5-1）

表 5-1　客户资料信息表

编号：_____

公司名称：_____　　公司地址：_____

公司代码：_____　　公司简称：_____

联 系 人：_____　　E-mail：_____

电　　话：_____　　传　　真：_____

公司性质：_____　　法人代表：_____

主要经营产品：_____

需要的主要物流服务项目：_____

锦囊四 ○○。建立物流客户档案

如果该公司已成为企业的客户，必须为其建立档案。客户档案是企业在与客户交往过程中所形成的客户信息资料、企业自行制作的客户信用分析报告，以及对订购的客户资信报告进行分析和加工后，全面反映企业客户资信状况的综合性档案材料。建立合格的客户档案是企业信用管理的起点，属于企业信用管理和档案部门的基础性工作。客户档案除了包含《客户信息表》的内容，还应包括以下几点。

1. 基本资料

① 交易过程中的合同、谈判记录、可行性研究报告和报审及批准文件。
② 法人营业执照的副本复印件。
③ 开发票的资料。
④ 税务登记证。

2. 其他资料

① 订单，一般是分客户按订单号归档。
② 其他特发事件的电传、信函、邮件等书面材料。
③ 客户付款记录。

【行动链接】

注意

本章节所讲的客户是指法人，而不是指自然人。

【行动评价】

（   ）班技能训练任务评价表

公司名(组名)		公司(组别)成员名单				
考评内容						
考评标准	项　目	分值/分	小组自我评价 (30%)	其他组别评价 (平均)(30%)	教师评价 (40%)	合计 (100%)
	档案内容（全面）	20				
	客户信息（详细）	25				
	知识点运用(正确)	25				
	团队的合作精神	10				
	沟通能力	20				
	合　计	100				

【行动加固】

通过网络，查找通用汽车、西门子、立邦等公司的信息，并比较这几家公司的不同点。

技能训练任务二 制作物流客户意见表

【行动目标】

客户是企业生存和发展的动力源泉，是企业的重要资源，应对客户进行科学有效的管理，以追求收益的最大化。管理客户，必然要将客户信息进行整理，对客户进行分类管理，并建立客户档案和客户意见表。

通过本行动的学习和训练，你将能够：

① 了解客户分类管理的意义和方法、注意事项；

② 掌握建立客户档案所包括的单证和内容；

③ 掌握如何制作物流客户意见表。

【行动准备】

① 多媒体教学系统（课件）。

② 具备上网功能的教室或者可上网的手机（根据具体条件，课下上网查找亦可）。

③ 分组，学生分组（每组人数根据教学对象实际情况确定，然后扮演不同的角色）。

④ 笔与卡片。

⑤ 学生课前任务，阅读书本上的相关锦囊。

【行动过程】

第一步骤：教师下达任务书（具体见任务书）。

第二步骤：小组讨论和完成任务书中的内容。

第三步骤：小组成果展示。每一组派一名代表将小组讨论的结果向大家展示，展示内容如下。

① 将讨论的成果（书写卡片）张贴在张贴板上；

② 对内容进行讲解和分析。

第四步骤：教师对学生的行动进行点评和对知识内容进行总结，然后引出相关的行动锦囊。

任务书

福大公司是我公司快递业务的客户，该客户发展稳定，管理正规，营业额占宅急送营业额比重较大，业务分布较广，华北、华南、华东都有分公司，与我司的费用结算方式为月结形式。请完成以下任务。

① 设计客户管理方案。

② 制作物流客户意见表。

（小组讨论完成以上的任务，并将讨论结果写在书写卡片上，便于下一步的展示）。

【行动锦囊】

锦囊一 ○○○物流客户分类管理

1. 物流客户分类管理的意义

企业资源有限，对客户进行分类管理可以更好地利用企业现有资源，以进行有的放矢的管理。根据意大利经济学家及社会学家维尔弗雷多·帕拉多创立的"80/20原则"，其中心思想是80%的结果来自于20%的原因，即企业的销售额（或别的重要指标）可以解释为80%是来自20%的重要客户，而其余80%的大部分客户的销售额只占企业20%的销售额，因此，客户要区分对待，以实现企业利润的最大化。

2. 物流客户分类管理的方法

一般根据消费额或给企业带来的利润将客户分成大客户、小客户。

① 大客户包括关键客户、重点客户。这些客户能给企业带来 80% 的利润，属于 20% 里面的客户。这种客户通常管理正规、发展规模大并相对稳定，能给企业带来稳定的收入及促进企业的发展。因此，对此类客户应重点管理，即派专门的营销人员定期拜访，为他们提供及时周到的服务，企业高层领导也应与该客户定期交流，并密切关注客户的人事变动及发展趋势。另设客服人员对客户的订单及投诉优先处理。通过以上途径提高客户的满意度。

② 小客户包括普通客户与无效的客户，即除了大客户外剩下的 80% 的客户。此类客户对企业完成经济指标贡献甚微，消费额占企业总消费额的 20% 左右。由于他们数量众多，具有"点滴汇集成大海"的增长潜力，企业应控制在这方面的服务投入，按照"方便、及时"的原则，为他们提供大众化的基础性服务，或将精力重点放在发掘有潜力的"明日之星"上，使其早日升为重点客户。企业营销人员应保持与这些客户的联系，并让他们知道当他们需要帮助的时候企业也不会置之不理。客服人员对该类客户的订单及投诉也应及时处理。

还有另外一种分法即 ABC 客户分类法，A 代表关键客户、B 代表主要客户、C 代表普通客户，也即企业在对某一产品的顾客进行分析和管理时，根据用户的购买数量将用户分成 A 类用户、B 类用户和 C 类用户。销售量汇总可能达到企业销售量的 65% 以上的，这类客户就定为 A 类客户。企业一般会为 A 类用户建立专门的档案，指派专门的销售人员负责对 A 类用户的销售业务，提供销售折扣，定期派人走访用户，采用直接销售的渠道方式。销售量汇总可能达到企业销售量的 30% 的，这类客户就分为 B 类客户。余下的就是的 C 类客户了。

3. 物流客户分类管理的注意事项

实施客户管理抓"大"放"小"，要防止走两个极端。

① 不要因为"客户大"，就丧失管理原则。企业为"维护"大客户而过度地让步、丧失商业利益原则，就会把大客户变成企业的"包袱"，这个包袱甚至比竞争对手通过竞争导致客户分流危害更为严重。客服人员在处理客户问题涉及利益时，也应坚持企业的原则与利益。

② 不要因为客户"小"，就盲目抛弃。在作出客户取舍前，我们有必要研究小客户的潜力，或者说潜在价值，如果具备潜在价值就有必要培育，力争把其培养成

大客户。否则，看似丢了一个"芝麻"，实际上则是丢了一个"西瓜"，这也是客户管理的大忌。所以客服人员在日常工作中，对"小客户"也要热情、礼貌、周到。

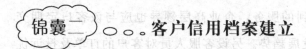

锦囊二　客户信用档案建立

1. 物流客户信用档案需要的资料

① 谈判记录，可行性研究报告和报审及批准文件。

② 物流客户的法人营业执照，营业执照，事业法人执照的副本复印件。

③ 物流客户的履约能力证明资料复印件。

④ 物流客户的法定代表人或合同承办人的职务资格证明，个人身份证明，介绍信，授权委托书的原件或复印件。

⑤ 我方当事人的法定代表人的授权委托书的原件和复印件。

⑥ 物流客户的担保人的担保能力和主体资格证明资料的复印件。

⑦ 双方签订或履行合同的往来电报，电传，信函，电话记录等书面材料和视听材料。

⑧ 登记，见证，签证，公证等文书资料。

⑨ 合同正本，副本及变更，解除合同的书面协议。

⑩ 标的验收记录。

⑪ 交接，收付标的，款项的原始凭证复印件。

2. 物流客户信用档案的内容

① 客户的基本信息。包括客户背景、地址、注册情况、资本金到位情况、客户成立的历史、隶属关系、股东及其股本结构、管理人员资料等。

② 客户的业务情况。包括客户主要业务范围、现在的供货来源、市场分布、收付款情况。

③ 客户资产及财务状况。包括客户的盈利情况、经营活动的增长趋势。通过财务状况的调查，可以把握客户的业务发展机会，从而拟定贸易策略。

④ 客户付款记录。通过了解客户以往的付款行为以及该客户所获得的其他供货商向其提供的最高信用额和信用期（即赊销情况下的最大赊销限额和收款期），及时掌握客户付款及资金流动情况。

⑤ 客户的银行往来情况。包括资金进出、贷款及还息还贷情况。

⑥ 公共纪录及行业口碑。包括法律诉讼、抵押记录、社会认知度。

锦囊三 ○○。**物流客户意见表模板**（表 5-2）

表 5-2 物流客户意见表

_____ 小姐/先生：

请您对本月的物流服务提出您的宝贵意见和建议，并认真填写意见表，请列举实例，便于我们针对性地改正和提高物流服务质量。请于次月 10 日前发送回：××××@sohu.com。谢谢您的合作！

区域：_____ 办事处：_____

服 务 项 目	满 意 度					列举实例	反馈月份
	优秀	良好	好	一般	差		
货物送达时间							
货物破损比例							
物流主管服务态度							
客服人员服务态度							
信息的准确性							
处理问题的应变能力							
其他建议							

【行动链接】

注意

不同的企业，由于面对不同的客户，所以设计的意见表也不同，此章节所介绍的客户意见表是由物流公司制作的。

【行动评价】

（　　）班技能训练任务评价表

公司名(组名)		公司(组别)成员名单			
考评内容					
考评标准	项　目	分值/分	小组自我评价（30%）	其他组别评价（平均）(40%)	教师评价（30%）	合计（100%）
	参与讨论的积极性	20				
	语言表达条理性	25				
	图表的制作	20				
	团队的合作精神	15				
	知识点的理解	20				
合　　计		100				

【行动加固】

每年的 3 月 15 日是消费维权日，请收集以下客户投诉的问题。

① 美容品；

② 家电；

③ 餐饮；

④ 快递。

问题：请针对所收集到的问题，提出解决的方案。

第六模块 综合业务训练

【行动目标】

综合业务训练是通过前五个模块的业务学习后，在课程结束前，对所学业务的整合演练。结合企业实际，对常见的物流客户服务业务进行训练和展示。

通过本行动的训练，你将能够：

① 对物流客服业务进行综合训练，拓展业务技能；

② 培养职业化的工作形象、职业化的工作态度。

【行动准备】

① 多媒体教学系统（课件）。

② 简易物流客服中心，配备办公桌、电话和传真等普通的

办公用具。

③ 分组进行训练。

④ 学生课前任务。认真讨论任务内容，并进行预习和训练。

【行动过程】

第一步骤：教师下达任务（具体见任务书，共有五个任务）。

第二步骤：查询资料，对于给定的业务进行训练。

第三步骤：小组抽签选定要展示的任务。

两人共同完成1个任务，分清角色。

第四步骤：业务训练考评。

① 教师对学生的行动进行点评；

② 小组进行互评；

③ 根据小组表现和个人表现，给出每个学生的考核数。

【实训任务书】

背景：卓卓综合物流服务公司，运用现代先进的经营理念，依托实体物流操作、供应链方案设计和贸易服务三大核心功能，将物流、信息流和资金流高效整合为一体，设有运输部、仓储、报关、码头、商贸等子公司。

运输部：自有和租用货运车辆 300 多台，拥有丰富的危险品运输、集装箱运输、散货配送和大型物件运输的经验，公司自有车辆全部安装了 GPS 卫星定位系统，在车辆准点控制、安全事故控制、货物交接和理货管理、电子信息反馈以及客户服务等方面具有突出的优势。

仓储部：拥有 4 座码头中转仓库和 6 座物流配送中心仓库，总仓储面积达 5 万平方米，仓库设施先进，配套装卸平台、自动消防喷淋系统、防晒层、金刚砂无尘地面、通风和排水系统。仓库实行封闭式管理，建立了 24 小时安全作业保障系统、为每个客户建立了专门的操作流程和信息反馈流程，可以为客户提供专业化的仓储服务。

报关行：服务项目涉及专业报关、报检、代办码头费用结算、运输、仓储、进出口订舱、配船、商务策划等业务。

码头：码头为国家二类口岸，码头装卸设施先进，自有双轨道铁路专用线通过广深铁路辐射全国各地站点，可以提供各类港口堆存、装卸、冷冻柜、危险品以及特殊机械设备的操作业务和集装箱修理、集装箱熏蒸、国际船舶代理等服务。

商贸部：在传统物流服务的基础上，发展了进出口代理业务、国际船舶代理业务、国际货运代理业务，扩大了保税物流业务和银行质押仓储业务，以客户满足需要为宗旨，提供一站式物流解决方案的设计和实施。

任务书 1

电话业务

卓卓综合物流服务公司，设有运输部、仓储、报关、码头、商贸等子公司。请选定子公司，利用电话形式完成对本子公司的业务介绍。

要求：规范办理相应业务，考核要求见评价表。

（小组情景训练完成抽签选定的任务，并展示）。

任务书 2

接待业务

卓卓综合物流服务公司，设有运输部、仓储、报关、码头、商贸等子公司。大马摩托厂来公司进行业务洽谈，请给予接待安排，并填写接待记录表（表3-2）。

要求：规范办理相应业务，考核要求见评价表。

（小组情景训练完成抽签选定的任务，并展示）。

任务书 3

订单录入业务

卓卓综合物流服务公司，设有运输部、仓储、报关、码头、商贸等子公司。接到大马摩托厂的订单，请在规定的时间完成信息录入。（可借助 Excel 完成）信息如下：

货物信息：2010 年 1 月 23 日，日本，每柜 48 辆

车型：WH110T，共 192 辆，箱唛 N/M

装柜地点：大马新工场

联系人：陈生　　电话：1331234××××

要求：规范办理相应业务，考核要求见评价表。

（小组情景训练完成抽签选定的任务，并展示）。

任务书 4

传真及信息反馈业务

卓卓综合物流服务公司，设有运输部、仓储、报关、码头、商贸等子公司。请把货车的车牌及司机信息发传真给大马摩托厂，并使用手机短信进行信息反馈。反馈内容为 1 月 23 日上午 9 点钟，货已装车。

要求：规范办理相应业务，考核要求见评价表。

（小组情景训练完成抽签选定的任务，并展示）。

任务书 5

客户投诉处理业务

卓卓综合物流服务公司，设有运输部、仓储、报关、码头、商贸等子公司。请完成以下任务。

西西涂料厂投诉货物未按时装柜，请完成投诉受理业务。投诉场景自设。

要求：规范办理相应业务，考核要求见评价表。

（小组情景训练完成抽签选定的任务，并展示）。

【行动链接】

注意

① 通过抽签确定任务。

② 通过 PPT 播放，了解任务内容。

【行动评价】

（　　）班综合技能训练任务（1）评价表

公司名(组名)		公司(组别)成员名单			
考评内容		电话业务			
考评标准	项　目	分值/分	其他组别评价（平均）(40%)	教师评价（60%）	合计（100%）
	仪表着装	10			
	面部表情	10			
	语音效果	15			
	表达沟通	15			
	电话技巧	20			
	专业知识	15			
	团队的合作精神	15			
	合　计	100			

（　　）班综合技能训练任务（2）评价表

公司名(组名)		公司(组别)成员名单			
考评内容		客户接待			
考评标准	项　目	分值/分	其他组别评价（平均）(40%)	教师评价（60%）	合计（100%）
	仪表着装	10			
	行为举止	10			
	表达沟通	25			
	接待技巧	20			
	接待记录完整	20			
	团队的合作精神	15			
	合　计	100			

（　　　）班综合技能训练任务（3）评价表

公司名(组名)						
考评内容	订单录入					
考评标准	项　目	具体信息	分值/分	其他组别评价(平均)(40%)	教师评价(60%)	合计(100%)
	订单信息	客户名称	−2分			
		订单下达时间	−5分			
		其他项错误1处	−1分			
	货物信息	时间	−5分			
		出口地	−2分			
		型号	−2分			
		数量	−5分			
		箱唛	−2分			
		其他错误1处	−1分			

注：1. 底分为100分。

2. 比赛时间为5分钟，超过5分钟不予计分。

3. 两者质量相同时，订单录入完成用时少者名次优先（如有软件系统根据系统显示的订单生成时间，如采用 Excel 表则用文档最后修改时间）。

（　　　）班综合技能训练任务（4）评价表

公司名(组名)					
考评内容	传真及信息反馈演示				
考评标准	项　目	分值/分	其他组别评价(平均)(40%)	教师评价(60%)	合计(100%)
	语音效果	15			
	传真原稿设计	20			
	传真收发规范	20			
	信息反馈及时	15			
	信息反馈规范	15			
	团队的合作精神	15			
	合　计	100			

（　　　）班综合技能训练任务（5）评价表

公司名(组名)					
考评内容	投诉处理展示				
考评标准	项　目	分值/分	其他组别评价(平均)(40%)	教师评价(60%)	合计(100%)
	礼貌用语、礼仪	25			
	交流信息全面	30			
	投诉单填写	15			
	表现得体大方	15			
	合作及沟通能力	15			
	合　计	100			

客户投诉统计表

日期	单号	投诉是否有效		投诉对象									国内/国际件		差错责任方		投诉问题									赔偿金额		投诉方式				备注
		有效投诉	无效投诉	客户服务部	递送员	站点操作部	机场操作部	资料录入	清关组	财务部	销售部	其他	国内件	国际件	客户	物流公司	服务态度	提供错误信息	货物延误	货物破损	货差	货物丢失	交叉调换货物	清关延误	其他	运费	货损金额	电话	书面	网络	上门	

填表人：　　　　　　　　　　　　　主管：　　　　　　填表日期：

参 考 文 献

[1] 郑彬 . 物流客户服务 . 北京：高等教育出版社，2005.

[2] 程淑丽 . 物流管理职位工作手册 . 第 2 版 . 北京：人民邮电出版社，2007.

[3] 现代物流管理课题组 . 物流客户管理（实操版）. 广州：广东经济出版社，2007.

[4] 付伟 . 物流公司规范化管理工具箱 . 北京：人民邮电出版社，2007.

[5] 马学召 . 客户服务管理实操细节 . 广州：广东经济出版社，2006.

[6] 周洁如等 . 现代客户关系管理 . 上海：上海交通大学出版社，2007.

[7] 吕胜利 . 怎样用 ABC 分类法对客户进行管理 . 连锁与特许 . 管理工程师，2002（3）.

[8] 孟从敏 . 企业信用管理体系在客户信用档案管理中的应用 . 当代经济（下半月），2009（4）.